mères sans filtre

CAMILLE ABBEY

ANNE-SOPHIE BRASME

ÉLODIE FONT

RENÉE GREUSARD

JULIA KERNINON

GABRIELLE RICHARD

CLAIRE TRAN

ILLANA WEIZMAN

mères sans filtre

8 récits intimes
de déclics féministes
pour libérer la parole
sur la maternité

ILLUSTRATIONS DE GUYLAINE MOI

SOMMAIRE

Comment ça,
on ne vous avait
pas tout dit sur
la maternité ?

Il y a quelques années, alors que j'évoquais mon envie d'être mère avec une amie féministe, elle me répondit : « Mais tu as vraiment envie d'être une poule pondeuse ? », suggérant avec effarement mon conformisme et mon probable asservissement à venir. Qu'est-ce que j'allais faire sous le joug d'un homme, pieds et poings liés à des enfants, me glissant parfaitement dans le moule de ce que la société hétéro-patriarcale attendait de moi, pactisant avec un diable nommé « famille » ?

Cette remarque qui peut faire sourire s'inscrit en réalité dans une tradition féministe car la maternité a, durant des siècles, été considérée – et à raison – comme une privation de liberté et de conscience politique, un enfermement dans la domesticité puisque les femmes étaient cantonnées au foyer. Durant les premières vagues féministes, les mères ont été sommées de ne pas trop s'étendre sur le sujet – allaitement, nez qui coule, éducation, etc. –, il y avait d'autres combats à mener !

Comment se fait-il qu'une expérience aussi universelle que l'enfantement soit si peu étudiée ? La grossesse, l'accouchement et la maternité sont des sujets pas ou très peu abordés en philosophie et dans la littérature, peut-être en raison de leur caractère féminin et du fait que, pendant des siècles, les seules personnes acceptées dans les cénacles culturels étaient des hommes. C'est un sujet « de femmes », et donc il est de fait déconsidéré car, comme a dit Jean Hegland dans *La Déferlante* : « Avant, les femmes qui écrivaient n'avaient pas d'enfant. Par la suite, je pense que les femmes se sont dit qu'elles devaient cloisonner vie domestique et vie publique si elles voulaient acquérir du pouvoir…[1] » Mais le vent tourne, et l'on commence à sentir le souffle chaud de la révolte imprégner la société… Alors que la maternité a longtemps été un angle mort du féminisme, elle est aujourd'hui intégrée dans les revendications des combats post-MeToo, par la question de la charge mentale, assumée majoritairement par les femmes, par le manque de prise en charge des mères en post-partum ou encore par le « tournant génital du féminisme » – ou « bataille de l'intime » – décrit par la philosophe Camille Froidevaux-Metterie[2], dans lequel les femmes n'ont plus peur d'affirmer que leur corps est politique. Si, grâce à la contraception, être mère

---

1 Jean Hegland, interviewée par Pauline Verduzier, *La Déferlante*, 2022, n° 7, p. 52.
2 Camille Froidevaux-Metterie, *Le Corps des femmes : la bataille de l'intime*, Philosophie magazine éditeur, 2018.

était déjà devenu une option et non une obligation, on aimerait à présent le faire dans de bonnes conditions, sans y sacrifier sa santé mentale, merci bien.

En devenant mère, j'ai manqué de récits, de témoignages, d'écrits dans lesquels j'aurais pu me reconnaître, me sentir moins seule, imaginer finalement comment les autres vivaient cette révolution. Devenir mère, c'est un bouleversement total, physique et identitaire, dans lequel on peut perdre une partie de soi, mais aussi en découvrir d'autres dont on n'avait pas conscience. Il y a beaucoup à gagner dans ce déclic féministe, de l'allégresse et de l'accomplissement. Devenir mère, ça peut être beau, gratifiant, dur, excitant, décevant… Rôle d'une vie ou cerise sur le gâteau. C'est en tout cas une expérience complexe et multiple.

Mais nous sommes peu informées sur ce que la maternité est réellement, timidement mises au parfum sur ce qui nous attend quand nous décidons de concevoir un enfant. Et tout de suite jugées si l'on s'éloigne un tant soit peu d'une certaine norme : la mère en couple, hétéro, dévouée, et surtout… totalement épanouie. Si les choses évoluent doucement, il est difficile, encore maintenant, conditionnées que nous sommes par les précédentes décennies et le vécu silencieux de nos mères, d'avoir des modèles de mères réalistes.

D'où l'idée qui m'est venue de réunir des autrices ayant participé à une libération de la parole autour de la maternité – des autrices, et des mères tout simplement, car la maternité est aussi un formidable terrain d'exploration littéraire. L'angle féministe m'est apparu d'autant plus pertinent qu'il semble impossible désormais d'exclure les parents du combat féministe et de ne pas aborder la maternité sous un prisme engagé et inclusif. En filigrane, l'on constate que certaines difficultés rencontrées ne sont pas une fatalité et que le manque de réflexions et de moyens alloués à ces problématiques en est une pierre angulaire.

Dans ce livre, les mères racontent leurs expériences sans filtre, et le déclic féministe qui les a portées. Illana Weizman a grandement aidé à libérer la parole sur les difficultés entourant la période post-partum et nous livre sa propre révolution intérieure, du silence à l'impossibilité de continuer à se taire. Anne-Sophie Brasme a aussi, en devenant mère, retrouvé sa ferveur d'antan, et son envie d'en découdre avec un système qui enjoint encore les femmes à se taire, lors d'un déclic féministe libérateur. Quant à la charge mentale, c'est un combat au quotidien dans de nombreux couples hétérosexuels pour qu'elle ne soit pas assumée majoritairement par les femmes. Dégenrer les rôles familiaux et les fonctions parentales (prendre rendez-vous chez le médecin, organiser les activités, préparer les repas, etc.) est essentiel. Julia Kerninon l'a expérimenté, comprenant la nécessité de disposer de temps pour travailler, d'avoir une chambre à elle. Renée Greusard aussi a eu besoin de moments pour elle, de ne pas être seulement mère, et cela est passé par la volonté de ne plus *tout* donner aux autres, en se reconnectant à ses véritables envies et besoins. Aujourd'hui, on commence à reconnaître aussi qu'il est possible de « faire famille autrement », en mettant en lumière les familles queer, si inventives et impliquées, encore trop discriminées et invisibilisées. Gabrielle Richard nous raconte dans ce livre sa maternité, où la filiation ne passe pas obligatoirement par un lien biologique. L'on prend aussi conscience que sans une manière réfléchie d'éduquer les enfants, qui questionne les stéréotypes et le sexisme, les combats féministes stagneront. Cela a frappé Claire Tran quand elle est devenue mère d'un garçon puis d'une fille. On s'interroge également sur les normes intégrées par les mères, desquelles il ne faudrait pas s'écarter et sur une culpabilisation constante. Élodie Font a senti le poids des injonctions sur le corps des femmes peser sur le sien. Même en les connaissant, il peut être difficile de s'en affranchir. Quant à moi, je me suis interrogée, en m'appuyant sur mon vécu, sur l'intense fatigue que ressentent nombre de mères, savant mélange de standards trop haut placés, de discriminations des femmes et d'un manque d'aide criant.

Les huit autrices de ce livre proposent ainsi un récit intime des difficultés rencontrées, des joies éprouvées, et du déclic féministe que tout cela leur a finalement apporté. Parce que la libération de la parole est en cours, et cela pour le bien de toutes et tous. Le savoir, c'est le pouvoir ! Ce choix de témoignages n'est pour autant pas exhaustif. Ce sont tous des récits ancrés dans un vécu, et il existe autant de vécus que de mères et de maternités. Nous ne pouvions bien entendu évoquer toutes les problématiques dans ce format, et n'avons d'ailleurs pas la prétention de couvrir toutes les réalités. Mais ces quelques partages d'expériences personnelles pourront tout de même faire écho à ce que vivent beaucoup de mères. La sororité passe par la transmission d'une personne à une autre, qu'elle ait des enfants ou non, qu'elle en veuille ou non. Et puis, si les vécus sont individuels, les problématiques sont collectives. Les expériences féministes de chacune peuvent se répondre, faire écho dans un vaste mouvement de déclics en cascade. C'est aussi pour cette raison que j'ai voulu introduire chacun de ces récits en les rattachant à des figures féministes, qui ont chacune dans leur domaine et à leur manière permis des prises de conscience salvatrices.

Sentiment de solitude et d'abandon, tout ceci pourrait être pallié si les femmes avaient des espaces pour s'exprimer, s'identifier, réfléchir à d'autres modèles, et s'engager. Ce livre se propose d'en être un.

Camille Abbey

les expériences
féministes de chacune
peuvent se répondre,
faire écho
dans un vaste mouvement
de déclics
en cascade.

Comme trop de couples
inconscients, nous disions
que nous étions prêts.

Bonne fille

JULIA KERNINON

Selon Virginia Woolf, dans *Une chambre à soi*,
une écrivaine doit avoir, pour créer son œuvre,
« quelque argent » et « une chambre à soi »,
du temps et de l'espace donc. C'est ce dont
bénéficiait Julia Kerninon avant d'avoir des enfants,
alors même qu'elle s'occupait de son propre chef de
tout le soin de son foyer, ayant trop bien intégré ce
qui était attendu des femmes. Mais avec l'arrivée de
son premier fils, le temps commença à cruellement
lui manquer pour écrire, et c'est ainsi qu'elle se
surprit à exiger une répartition égalitaire des tâches
domestiques et parentales, ayant pris conscience
de la valeur de son travail d'écrivaine, et du temps
incompressible nécessaire pour l'accomplir.

Je suis née dans un corps de fille, et je crois que j'ai toujours été globalement d'accord avec ça. Je veux dire que même si j'ai découvert assez vite, comme la plupart d'entre nous, combien vivre dans ce corps était dangereux, combien le fait d'être identifiée comme une fille pouvait être désavantageux dans une infinité de situations, je ressemble à une fille, et je m'identifie comme une fille, et ça a toujours été le cas. Quand j'étais enfant, j'étais même une fille assez nunuche, par périodes, j'aimais les froufrous et les fleurs et je roucoulais, je m'efforçais d'être délicate et élégante, j'avais le syndrome de la bonne élève, là encore, comme beaucoup d'entre nous, et j'essayais donc d'être une bonne fille.

J'étais une petite fille très conservatrice, et un de mes sujets de tracas concernait mes parents. Ils n'étaient pas mariés. Ils vivaient ensemble depuis une quinzaine d'années quand je suis née, leur première enfant, mais ils refusaient de se marier, le mariage était pour eux une chose absolument ridicule et presque dangereuse. Aujourd'hui, peu importe, mais autrefois, ça me contrariait beaucoup. J'enviais la robe de mariée de la mère de mon meilleur ami, pendue dans l'escalier qui menait à leur chambre. J'enviais les petites filles des livres qui empruntaient les chaussures à talons de leur mère pour se déguiser – ma mère ne possédait aucune chaussure à talon, n'en avait apparemment jamais possédé.

Je voulais être une fille à cheveux longs, je voulais être blonde, je faisais des shampoings à la camomille, pleine d'un espoir qui aurait été touchant s'il n'avait pas été aussi risible. Je voulais parler d'une voix douce, je voulais être charmante, je voulais que ma mère porte un chignon et une robe, je voulais que ce soit mon père qui conduise la voiture ; de manière générale je voulais que mon père ait la grande chose, ma mère la moyenne, et moi la petite, comme les ours de *Boucle d'or*. C'était très important pour moi, parce que c'était mon idée de l'ordre, mon idée du bien. Ma mère était atterrée. Ma mère n'était pas comme ça. Ma mère était résiliente, robuste, courageuse, curieuse, capable de ses mains, grande lectrice. Ma mère portait des charges lourdes, ne croyait pas aux problèmes insolubles, savait sauter en parachute et préparer des pavlovas, des lasagnes, des fraisiers, des filets mignons en croûte, des tartes Tatin, elle connaissait le nom des plantes et comment s'en occuper, poser du papier peint, purger un radiateur, parler anglais, parler russe, coudre des vêtements, peindre une grande surface parfaitement régulièrement, dessiner, sculpter, faire des origamis, tresser des paniers de joncs, siffler avec un brin d'herbe, calmer une vache. Elle ne mettait pas de talons parce qu'elle avait besoin de pouvoir marcher vite. À l'époque, rien de tout ça ne m'intéressait beaucoup. Avec mes robes à volants et mes minauderies, je crois que j'essayais de lui montrer la bonne voie. Je ne savais pas comment elle avait pu à ce point passer à côté de ce que devait être une fille – seul son rouge à lèvres me sauvait la face en public – mais j'espérais la ramener dans le droit chemin. Elle ne voulait rien entendre.

Dans les parcs que je fréquente, aujourd'hui que je suis moi-même devenue une mère, j'observe parfois des petites filles se comporter comme des petites filles – en tout cas, d'une façon très différente de celle des petits garçons. Les petites filles restent à proximité de leurs mères, elles courent à petits pas, s'inquiètent si elles se salissent, obéissent. Pas toutes – mais je ne connais presque aucun garçon qui fasse ça.

Mes parents toléraient mes coquetteries et ma rigueur morale, mais ce n'était en rien ce qu'ils m'apprenaient. C'étaient vraisemblablement les livres, l'école ou, pour le dire plus simplement, la société, qui m'avaient mis de telles idées dans la tête, parce qu'à l'intérieur du cercle familial, au contraire, j'étais encouragée à grimper aux arbres, à essayer toutes sortes de choses, nager, plonger, patouiller, résister à la douleur. À vrai dire, c'était plus facile de faire ça que d'être une fille. Malgré ma volonté, je ne suis jamais parvenue à me tenir vraiment bien à table, je parlais trop et trop fort, je ne comprenais pas pourquoi il fallait se laver les mains si souvent, ou demander systématiquement aux gens comment ils allaient, puisque personne n'écoutait jamais vraiment la réponse, que c'était simplement une convention. Mes parents me disaient que j'étais jolie, mais aussi et surtout que je pouvais faire les choses si je voulais. J'étais une fille parce que la pièce était par hasard tombée de ce côté-là, mais ça n'avait aucune importance pour eux, ça n'a semblé faire aucune différence jusqu'à ce que je sois adolescente et qu'assez légitimement ils s'inquiètent de ma sécurité dans la rue la nuit, quand je sortais.

À ce stade, mon but avoué, parallèlement à l'envie d'écrire et de publier des livres, consistait à tomber amoureuse d'un garçon avec qui je pourrais avoir des enfants. Puisque j'étais une fille, je savais que mon corps portait en lui a priori la possibilité de faire ça, et je le voulais. La perspective de rester au bord de ce qui m'apparaissait comme la route la plus désirable m'effrayait de plus en plus au fil des années. Après mon départ de chez mes parents, j'ai vécu à peu près seule de vingt à vingt-six ans, la plupart du temps dans des pays lointains, et les garçons que je fréquentais ne semblaient pas pressés de vivre avec moi ni de faire couple. J'étais pauvre, sauvage, rude, débordée par mes études et mon écriture, mais j'étais aussi devenue avec le temps beaucoup plus capable, comme l'était ma mère. J'étais autonome, je savais faire pas mal de choses, j'avais un peu plus d'énergie que la moyenne, si bien que lorsque je suis finalement tombée amoureuse d'un garçon qui m'aimait en retour, et qu'il m'a ouvert les portes de sa vie en même temps que celle de son appartement, je lui ai tout donné. Il travaillait à l'extérieur durant la journée tandis que je tapais frénétiquement sur mon clavier, assise sur son petit canapé ; mais j'étais très organisée, et quand il revenait le soir, la maison était propre, le dîner était prêt, j'avais débouché l'évier et trié les placards, acheté de nouveaux draps et des fleurs pour la table basse. Le garçon, qui était profondément gentil, intelligent et compréhensif, est tombé amoureux de moi aussi en partie parce qu'il me trouvait généreuse – jamais encore personne ne l'avait ainsi arrosé de bienveillance, a-t-il dit. Lorsqu'il s'inquiétait du déséquilibre entre nous, je lui répondais que j'avais plus de temps que lui et que c'était donc normal que je me charge de tout ça. Il ne pouvait pas savoir, puisque moi-même je n'en avais pas conscience à l'époque, que je faisais ça en grande partie pour être irréprochable, parce que je pensais que l'amour était conditionnel, et que c'était donc seulement en faisant des choses que j'avais la moindre chance d'être digne d'amour.

Nous avons vécu ainsi quatre ans dans une paix royale. Je prenais en charge l'essentiel de notre vie domestique et cela me semblait absolument logique. J'affirmais trouver du plaisir dans l'accomplissement de cette multitude de petites tâches prosaïques, et d'une certaine façon, c'était vrai : j'avais souffert autrefois qu'aucun partenaire ne me laisse les coudées franches pour montrer ce dont j'étais capable, réaliser l'intuition que j'avais que je saurais faire un foyer, gérer tout ça de main de maître, déposer comme ma mère des plats parfaits sur une table propre, anticiper les achats, organiser les vacances, décorer les murs, déplacer les meubles. J'aimais l'odeur de la lessive et laver l'appartement à grande eau, j'aimais frotter les joints de la baignoire en écoutant la radio, résoudre des problèmes en sachant qu'il en serait soulagé, des problèmes qu'il n'avait même pas encore soupçonnés.

Nous vivions comme ça. Mon ventre s'arrondissait d'un bébé désiré et, comme trop de couples inconscients dans cet instant d'avant, nous disions autour de nous que nous étions prêts, que nous avions un équilibre solide, que les forces étaient bien réparties entre nous et que nous saurions encaisser le choc du bébé à venir sans remous. Je devais rendre un livre peu de temps après la date prévue de mon accouchement, mais à mi-grossesse j'ai cessé de pouvoir travailler, l'idée d'avoir un bébé semblait siphonner toute mon imagination, je n'arrivais plus à penser au-delà de ça, je ne parvenais plus à produire la fiction qui était pourtant mon métier. Pendant ce temps, mon compagnon avait de plus en plus de travail et de déplacements, alors j'ai dit que j'allais mettre mon livre sur « pause » et me concentrer sur toutes les choses à prévoir avant la naissance, pour que lui puisse se consacrer à son travail sans arrière-pensée. J'ai rempli tous les papiers administratifs qui n'étaient de toute façon adressés qu'à moi, la mère ; j'ai réfléchi aux différentes options de lit et de table à langer ; j'ai cherché pendant des heures sur des sites d'occasions des équipements compatibles avec notre budget ; j'ai trié les sacs de vêtements qui m'ont été proposés ; je me suis rendue régulièrement aux examens obligatoires ; j'ai perdu mon temps dans des cours de préparations à l'accouchement. J'étais débordée. Quand mon compagnon me demandait encore si j'étais heureuse de la répartition mal proportionnée des corvées entre nous, je lui disais d'une voix claire que nous ferions ainsi jusqu'à la naissance, et qu'ensuite il s'occuperait du bébé pendant que je me remettrais à l'écriture de mon roman. Je sentais que je prenais un retard dangereux face aux délais, mais je n'avais pas la tête à travailler, et par ailleurs je ne voyais pas comment il aurait fait face à cette charge colossale de gestion que je découvrais, si bien qu'il me semblait qu'il n'y avait pas d'autre solution que celle-ci, de toute façon. J'étais une femme enceinte souriante et énergique, je ne me plaignais presque jamais, j'étais grosse et lourde mais j'étais aussi très pragmatique et j'avais toujours su que ce serait comme ça, alors je ne voyais pas l'intérêt de me lamenter, même si bien sûr j'avais mal, et peur, un peu plus tous les jours.

Notre bébé est né sans encombre, et nous sommes rentrés à la maison. J'ai dit que tout allait bien et mon compagnon l'a répété à ma suite, et j'ai compris ensuite que je lui en avais voulu pour ça, de ne pas lire à travers mon mensonge poli de façade. J'avais dit que je ne voulais personne chez moi pendant au moins deux semaines, et des gens sont venus quand même, et puisque je n'ai jamais appris à insister, je les ai accueillis, j'ai continué de faire ce que j'avais toujours fait, la cuisine, le ménage, la charge mentale. J'ai allaité dans une douleur extrême pendant plus d'un mois avant d'oser dire que je souffrais, parce que je ne savais pas dire ça, je ne pensais pas que c'était autorisé.

Dès la première semaine après la naissance, j'ai mis le bébé dans les bras de son père et j'ai dit que je devais finir mon livre, comme prévu, mais l'allaitement m'interrompait toutes les heures, et puis mon compagnon n'était plus d'accord avec mon projet, il disait que je devais passer du temps avec le bébé pour que le lien se noue, et même si j'entendais la justesse de sa voix dans ma fatigue, je savais aussi que je devais finir ce livre, qu'il restait maintenant à peine assez de temps pour le faire. Je pensais que nous avions conclu un accord, je m'étais occupée du bébé tant qu'il était dans mon corps mais il fallait désormais qu'il s'en charge lui, parce que je n'étais plus disponible. Nous avons commencé à nous disputer, ou plus exactement : nous sommes entrés dans une dispute qui allait durer un an entier.

Ce qui se passait était, avec le recul, assez limpide : depuis le début de cette histoire d'amour, je m'occupais de mon compagnon. Je lui préparais des lunchbox, je rangeais ses affaires derrière lui, j'achetais et je pliais ses vêtements, je faisais les lits de ses amis qui dormaient à la maison, je cuisinais pour ses parents et je souriais modestement sous les compliments comme une imbécile. S'il formulait le moindre désir, je me demandais comment l'exaucer, et je m'y employais. Tout ça était indiscutablement de mon fait, pas du sien. Je le faisais parce que je pensais que c'était la seule façon digne de faire. Il était plus dubitatif, mais il avait cessé de protester et me laissait faire parce que mes attentions lui étaient agréables et que j'avais juré que j'aimais cette situation. C'était apparemment ma façon d'exprimer mon amour et elle lui plaisait.

Mais comme chacun le sait, un bébé vient avec son lot de gestes à accomplir, de responsabilités. J'en avais eu l'intuition dans les derniers mois de grossesse, quand je m'asseyais dans la chambre inhabitée et que je considérais cette étrangeté : quelqu'un allait bientôt arriver qui ne possédait même pas de valise, même pas de vêtements. Il faudrait tout faire pour lui – le nourrir, le laver, le vêtir, le soigner, remplir ses papiers, le déplacer. S'occuper intégralement d'une autre personne que soi, de quelqu'un qui n'aurait strictement aucune autonomie avant longtemps. Ce n'était pas scandaleux, ce n'était pas insurmontable, mais ça représentait du temps. Du temps incompressible, à faire ça.

Si je suis honnête, je crois qu'une des choses que j'ai le plus aimées dans le fait d'avoir des enfants, c'est la difficulté. Le défi de toutes ces choses à faire, de tous ces gestes à accomplir pour que ça tienne, le poids de tout ça jour après jour, apprendre à gérer tant de choses, résister à la fatigue, découvrir que j'étais capable de porter une poussette sur quatre étages, que je pouvais dormir seulement cinq heures, vraiment, l'effort que tout ça représentait m'a beaucoup plu, sans doute parce que c'était une occasion de briller dans l'adversité, et que je suis une personne excessivement orgueilleuse de son énergie vitale. J'aime être débordée, pour le dire simplement.

Le problème, quand j'ai dû commencer à m'occuper de mon bébé, c'est que je me suis aperçue que je m'occupais déjà de quelqu'un – son père. En fait, je m'en occupais dans des proportions telles que, si je voulais désormais m'occuper également du bébé, j'allais devoir rayer quelque chose d'autre de ma vie, pour faire de la place. C'était un peu comme quand on veut dégager de l'espace dans la galerie de son téléphone et qu'il est rapidement clair qu'on ne s'en tirera pas en effaçant juste quelques photos – pour continuer de m'occuper de mon partenaire comme je le faisais et m'occuper aussi du bébé comme il le fallait, la grosse chose à laquelle il allait falloir renoncer, c'était mon travail. Mon livre.

Je voudrais pouvoir dire comment c'était exactement. J'allaitais mon fils, et dans les interstices je courais me mettre à mon bureau pour travailler, écrire la centaine de pages qui manquait au livre pour qu'il en soit vraiment un. Je criais sur mon compagnon pour qu'il fasse les choses que je faisais habituellement et qu'il n'avait jamais appris à faire, parce que je l'avais même encouragé à les oublier, à force de l'enrober de mon amour dévoué stupide. À mon insu, j'avais joué contre mon équipe depuis le début. Il ne voyait simplement pas la *to-do list* qui clignotait en permanence dans ma tête. S'il s'occupait du bébé, il s'occupait seulement du bébé – rien d'autre n'avançait. Pour lui, qui n'était pas habitué, c'était déjà beaucoup, c'était difficile – mais moi, je gagnais comparativement peu dans l'affaire, puisque je devais ensuite rattraper le retard accumulé. Je criais. Je criais et je criais et je criais et il me trouvait injuste – et d'une certaine façon, je l'étais, puisque c'était moi qui avais instauré cette situation absurde depuis des années. Par ailleurs, je souffrais de ne plus être irréprochable, de devoir choisir entre être une bonne petite amie, une bonne mère ou un bon écrivain. J'ai freiné d'un coup. Je me suis cabrée comme un cheval rétif. J'ai dit que j'avais un livre à faire. Mon compagnon m'a répondu qu'on avait un bébé. Je me suis sentie désespérée, piégée, perdue. Malgré toute mon anticipation, je n'avais pas vu le problème s'annoncer. C'était comme si c'était seulement à la lumière du bébé que je parvenais à distinguer les contours de ce que j'avais dessiné : une vie de liberté pour le garçon, une vie de dévouement pour moi, parce que j'étais une fille, parce que j'étais capable, parce que je devais lui faciliter les choses toujours, même s'il n'avait strictement rien demandé.

Changer les choses était aussi difficile que d'arrêter un paquebot dans sa course. C'était long et laborieux. Cela a nécessité des mois de disputes, de discussions, de tentatives. J'ai arrêté de faire la maligne. J'étais trop en danger – mon travail était en danger. Mais dans le marasme, il s'est très lentement passé quelque chose de fascinant : pour la première fois de ma vie, sous le feu de la menace, j'ai commencé à être capable d'affirmer l'importance de mon travail et sa valeur. Jusque-là j'avais toujours écrit presque discrètement, le soir, la nuit, quand tout le reste avait été satisfait et que personne n'avait besoin de moi. Soudain, les forces se sont renversées, et pour la première fois j'ai dit : « Je suis un écrivain. Je ne vais pas renoncer à mon travail. Ce que je fais est important. Je ne sais pas comment faire, mais il va falloir trouver une solution. » J'avais toujours entendu parler de la façon dont la maternité malmène la vie professionnelle des femmes. Quand je pensais vaguement au bébé, j'y pensais comme à quelque chose qui ne pourrait que me ployer, me faire baisser la tête davantage et me soumettre, et à ma grande surprise, c'est exactement le contraire qui est arrivé. J'ai compris d'un coup que c'était inenvisageable, que quelque chose en moi était prêt à quitter cette maison, quitter mon compagnon ou mon bébé, si l'un ou l'autre devait m'empêcher de mener à bien ce livre et les suivants.

J'ai été véhémente, j'ai été blessante, je suis redevenue sauvage. Il a fallu prononcer à voix haute des mots et des mots dans la nuit du sommeil du nouveau-né pour que son père et moi réussissions de nouveau à nous comprendre, pour que nous établissions un nouveau plan de famille, une nouvelle table de lois. Ça a été extraordinairement difficile, et régulièrement je doutais de la justesse de ce que j'exigeais, j'étais tentée de faire marche arrière, de renoncer et redevenir la gentille fille aimable que j'avais été si longtemps. Mais le livre était là et m'appelait, il me rappelait la personne que j'avais toujours été depuis le début même si je l'avais beaucoup cachée, l'écrivain en moi, qui n'était ni une fille ni un garçon, ni une mère ni une épouse, une personne qui n'était qu'à moi et qui était, avant mon amour, avant mon bébé, la personne pour laquelle je voulais vivre, que ce soit juste ou non.

J'ai fini mon livre. Mon compagnon a développé une infinité de nouvelles compétences, en plus de sa paternité resplendissante. Nous avons eu un deuxième enfant. J'ai fait d'autres livres. Aujourd'hui encore, il nous arrive de nous disputer sur la répartition du temps, je dis que nous avons le même âge, à deux mois près, que je suis plus diplômée que lui, que je gagne autant d'argent que lui, et que donc je refuse de le servir simplement parce que je suis une fille. Une partie de ces disputes nous dépasse, dépasse le simple cadre de notre couple, et parle de l'organisation générale du monde, qui m'a échappé si longtemps. Je trouve que c'est difficile de résister à ce courant qui fait tout pour que les femmes prennent en charge la vie matérielle, les petits détails pénibles, les imprévus. J'ai plus de temps libre que mon mari, mais je veux le passer à lire pour progresser dans ma pratique d'écrivain, pas à accomplir les tâches domestiques que sa charge de travail ne lui laisse apparemment pas le temps de considérer. Je ne crois plus à la justice, mais je crois à la justesse, et je sais qu'elle est un point perpétuellement mouvant. J'espère que les filles qui nous succéderont n'auront pas à subir ce que ma génération a traversé, sans parler des précédentes, mais je ne sais pas encore exactement comment élever mes fils pour l'éviter. Je débute. Je fais de mon mieux.

Ce que m'a apporté la maternité, ce que j'étais peut-être venue y chercher : me mettre dans une situation de menace telle que j'ai enfin appris à résister, à définir mes limites pour la première fois de ma vie.

Et nous voilà, si heureuses on ose à peine y croire : on va devenir mères ensemble !

La mère normale

ÉLODIE FONT

Comme dans la chanson « Grandiose », où Pomme chantait : « Je veux un enfant dans le ventre / J'aurais sûrement dû taire parfois / L'envie si grande et menaçante », Élodie Font aussi a ressenti une sorte d'appel du ventre, mais les tentatives de PMA n'ont pas porté leurs fruits, du moins au début. Mais alors que son corps accueillait désormais le bonheur tant attendu, il allait lui faire découvrir un aspect de la maternité dont elle se serait bien passée : la culpabilité maternelle. Car lorsqu'on sort de la norme sur plusieurs aspects, la société se charge de vous le rappeler de manière continue.

Le jour de mes trente-cinq ans, je me suis levée aux aurores. Dehors, la nuit, encore sombre ; le lampadaire du lotissement dont la lumière vacille. La voiture est glaciale, le pare-brise gelé. Je frissonne, la nuit a été beaucoup trop courte, mais c'est plus fort que moi : il faut que je sache. Que je sache *maintenant*.

Treize jours plus tôt, un après-midi de décembre, des spermatozoïdes ont été déposés à l'entrée de mon corps ; c'était un moment très doux. Revenue chez nous, allongée sur notre lit, j'ai relevé mes jambes, comme Phoebe dans *Friends* – pour Phoebe, ça avait fonctionné, alors pourquoi pas pour moi, pour nous ?

Treize jours. Quiconque a déjà attendu et attendu encore la venue d'un enfant sait à quel point ces deux semaines avant de savoir ressemblent à l'éternité – et le mot est faible. Est-ce que l'un de ces spermatozoïdes aura rencontré sa moitié ? Est-ce que mon corps va l'accepter ? C'est que… – comment le dire élégamment – c'est que mon vagin n'est pas très coutumier du sperme, et encore moins mon utérus, voyez, alors qui sait comment mon corps va réagir ?

Quelques années auparavant, alors en couple avec une autre femme, j'ai été inséminée à quatre reprises par un gynécologue belge à bandana. Ce ne sont pas des souvenirs que je chéris. « Allez, allez, allez ! » Devant mon regard circonspect, il haranguait la foule de spermatozoïdes, les encourageant à « gagner le Tour de France ». (Cela m'a toujours agacée que l'on puisse comparer les spermatozoïdes à des champions, comme si c'était la semence masculine qui faisait tout. Cela me rappelle, quand une amie est tombée enceinte dès la première tentative, tous les copains de son conjoint qui tapaient dans le dos du « héros », clin d'œil suggestif – eh ben tu t'es pas loupé ! Euh… pardon ?)

Je ne sais pas si cela a un lien avec le fait que je ne suis pas familière des courses cyclistes, mais aucune des tentatives n'a fonctionné. Pire : on me décèle même un polype, aucun œuf ne peut s'accrocher à ma membrane, si ça se trouve j'ai fait une ou deux tentatives pour rien, bref il faut opérer. « Vous inquiétez pas, madame, c'est bénin, hein, vous reprendrez la PMA après. » Sauf qu'ils se plantent et, de tout ce chapitre, vous ne lirez aucune phrase qui vous effraiera autant que celle-ci, celle que j'ai entendue en me réveillant du bloc opératoire : « Désolé, madame, on n'a pas pu l'enlever, on vous a *perforé l'utérus.* » L'espace de quelques secondes, je confonds « perforer » et « poinçonner ». *Hein, quoi ?* La violence de ces mots. De cette incision qui a dérapé, et plus largement de ce polype qui s'est incrusté pendant des mois, j'ai gardé une angoisse forte : est-ce que mon corps a tout manigancé parce qu'au fond, d'enfant, il ne veut pas ? Et d'ailleurs, au-delà de mon corps, qu'est-ce qui me prouve que j'en ai vraiment le désir, que ce n'est pas uniquement une envie dictée par notre société ? Plusieurs années plus tard, cette angoisse est toujours tapie dans l'ombre, je l'aperçois sur le siège passager de la voiture que je gare devant le laboratoire, sur la blouse de l'infirmière qui me pique dans le creux du bras, dans la coupe de champagne avec laquelle je trinque à mon anniversaire.

Et pourtant, ce jour-là, le jour de mes trente-cinq ans, j'ai su que j'étais enceinte. Mon imagination avait maintes fois joué cette scène ; parfois, dans la rue, quand je marchais avec dans mon casque de la musique à plein volume, je fantasmais les cris de joie, les larmes, les inquiétudes, les violons, le piano, les embrassades au ralenti. Il n'y eut finalement ni cris ni larmes, plutôt de l'incrédulité : *attends*, mais ça a marché ? pour de vrai ? On s'emballe pas, calmons-nous, refais une prise de sang dans deux jours.

Apprendre qu'un petit être s'accrochait en moi le jour de mon anniversaire : plus tard, quand la grossesse tanguera et boira la tasse à moult reprises, je m'accrocherai à ce clin d'œil de l'existence comme à une bouée.

Une envie si grande et menaçante

D'aussi loin que je me souvienne, j'ai toujours pensé devenir mère. Trois enfants, comme maman. Une évidence. Ce désir est resté ancré en moi, par-delà les histoires d'amour qui finissent mal en général, par-delà l'évolution de mon orientation sexuelle. J'avais bien tenté de suivre la voie principale – embrasser des garçons, dormir avec, plus ou moins faire l'amour, et puis un jour, sans doute, la question des enfants se posera.

Sauf qu'à vingt-trois ans je découvre ce qu'est un corps qui ressent du désir, de l'amour, de la passion. Et ce n'est pas pour un garçon. Je m'autorise alors à vivre ce que j'éprouve depuis plusieurs années, mais que j'ai mis du temps à accepter : je suis lesbienne. Et très vite, *la* question : comment devenir mère en aimant les femmes ? Les jours gris, tourne dans ma tête cette « envie si grande et menaçante », comme le chante Pomme. Déjà, techniquement : il y a quinze ans, j'avais une très vague idée de ce que signifiait la PMA, si floue, si lointaine – c'est un peu comme une FIV, j'crois. Et surtout, comment déconstruire en moi l'idée bien présente que, peut-être, un enfant qui naîtrait dans une famille homoparentale aurait des manques ? Et si c'était égoïste, si cet enfant était malheureux ? Après tout, il n'a rien demandé, lui. Moi non plus, remarque. J'avais l'image de mon grand-père qui n'avait pas connu son père, j'avais toujours entendu dire qu'il en avait souffert. L'homophobie intériorisée, bien ancrée. Et pourtant, par-delà mes craintes, par-delà la foule de questions qui me traversait, mon désir d'enfant ne s'est pas éteint. Il s'est installé, attendant le bon moment.

Le bon moment, c'est d'abord une rencontre. Ou plutôt des retrouvailles. Oh ! ne me lancez pas, j'aime beaucoup trop raconter cette histoire : la grossesse dont je m'apprête à vous parler, les déclics qu'elle a provoqués en moi, je les ai vécus avec celle qui fut, d'abord, mon premier amour. Et puis… des séparations, de nombreuses années sans se parler, sans plus rien savoir de l'autre, ou presque, et puis se retrouver et cette fois avoir envie de ne rien gâcher. Très rapidement – dès le deuxième soir (!) – j'ai mis les pieds dans le plat : « Tu en veux, des enfants, toi ? » Sourire. « Rassure-toi, si la question c'est : "Est-ce que je te fais perdre ton temps ?" la réponse est non. » Elle s'appelle Maëlle. Avec elle, c'était forcément le bon moment.

Si le yoga pouvait changer le monde

Et nous voilà, tremblotantes, si heureuses, on ose à peine y croire : on va devenir mères ensemble ! Nous ! Nous qui en rêvions tant. On avait déjà commencé des listes de prénoms dans nos téléphones bien avant qu'un fœtus s'accroche. Entre nous, savoir laquelle des deux porterait notre enfant était une évidence : j'en ressentais le désir, elle non. J'étais intriguée, je crois. Je voulais ressentir dans mon corps une grossesse. Être traversée par les célèbres nausées, l'envie de dormir à 20 heures, la fascination d'imaginer le petit être qui grandit en moi, ressentir dans ma chair ses coups de pied, de plus en plus forts. Peut-être aussi que je voulais être une femme comme les autres, comme la majorité d'entre elles, me fondre dans la masse dont l'homosexualité m'avait retirée.

Quitte à vivre l'expérience pleinement, pourquoi ne pas accoucher sans péridurale ? Inscription faite à la maternité des Bluets, à Paris, réputée pour bien accompagner les femmes dans leur accouchement, que ce ne soit pas trop médicalisé, enfin, si possible, j'aimerais bien... vous comprenez... que ce soit le plus doux possible. L'accouchement, au loin, m'angoisse mais je m'inscris au yoga prénatal et au Pilates du même nom ; ensemble, avec Maëlle, on découvre l'haptonomie ; je lis des bouquins qui m'expliquent ce que le fœtus déploie semaine après semaine comme trésors – et tant pis si cela m'agace que jamais, au grand jamais, les familles homoparentales ne soient ne serait-ce que citées dans les livres de grossesse, tant pis : je coche toutes les cases de la grande Expérience de la maternité. Oui, mais... oui, mais, le saviez-vous ? apparemment, on ne peut pas tout contrôler. Et le yoga n'y change rien.

Début mars, première échographie. C'est là que le chemin devient plus étroit. Premières frayeurs avec une suspicion de trisomie. C'est ce jour-là, aussi, que nous apprenons que c'est un « petit mec ». J'ai ressenti une pointe de déception, ne me demandez pas pourquoi, je ne sais pas, j'avais rêvé d'une petite fille. Peut-être parce que je n'ai pas l'habitude de partager ma vie avec quelqu'un du sexe masculin. Déception qui a duré quelques heures seulement, dès le lendemain, j'étais ravie de ce petit bonhomme à venir. Et quand je le regarde aujourd'hui, je ne m'imagine vivre avec personne d'autre. Mais tout de même, avoir mis au monde un garçon représente pour moi un sacré défi féministe : comment l'éduquer dans notre société ? Comment l'élever pour qu'il soit un mec bien, un mec qui ne viole pas, qui comprend et accepte que non, c'est non, un mec qui prendra sa part de charge mentale ? Et même, à l'échelle de notre couple, est-ce que nous nous comportons avec lui comme nous le ferions avec une petite fille ? Est-ce qu'il porte des fringues bleues parce qu'on adore cette couleur ou parce qu'on a du mal à lui mettre du rose et des froufrous ? Est-ce que le fait qu'il ait deux femmes comme parents en fera un mec différent ? Je n'ai pas les réponses. Mais j'espère si fort que la virilité toxique ne le rattrapera jamais, à un étage de sa vie ou à un autre.

La première échographie, donc, et toutes celles qui ont suivi, de plus en plus rapprochées. Avec des mots qui percutent, qui s'installent dans le quotidien alors qu'on se portait très bien sans eux. « L'amniocentèse », par exemple, que l'on n'est jamais certain d'écrire correctement. L'aiguille qui transperce le ventre déjà rond, sans anesthésie, et les quatre semaines qui suivent avant d'avoir les résultats d'une éventuelle maladie génétique. Et si la grossesse devait être interrompue ? Quatre semaines, ce n'est même plus une éternité, c'est un long tunnel en apnée, irrespirable. À chaque étape, on nous demande qui est le *père*. « Vous savez quoi de lui ? » Et puis, comme pour se donner bonne conscience : « Et vous, madame, ils se tournent vers Maëlle, vous avez des antécédents ? » Et puis il y a cette femme qui dit qu'elle n'appellera qu'en cas de gros problème. Et un jour son numéro s'affiche, je l'ai ratée, elle n'a pas laissé de message, c'est que ça doit être grave, elle est injoignable jusqu'au lendemain matin. Je suis complètement déconnectée du bébé de sept mois qui gigote en moi, j'ai comme l'impression de sombrer dans un précipice, la nuit je cauchemarde, je rêve d'un nourrisson avec une tête de mort. Le lendemain, enfin, sa voix, sa voix légère, elle s'en fout, elle a bien dormi, merci, non non aucun syndrome génétique, peut-être que quelque chose leur échappe, n'allez pas vous emballer, oui bien sûr, au revoir.

À chaque rendez-vous chez le médecin, la sage-femme, et tout le corps médical qui s'affaire autour de nous, cette impression étrange d'ouvrir une autre porte, un autre tiroir. Cette sensation que tout m'échappe, que ces gens parlent une autre langue, je saisis les mots – nous sommes très bien accompagnées – mais pas toujours le sens. *T'avais compris, toi, qu'il risquait d'être opéré à la naissance ? Moi non plus.* Deux semaines avant d'accoucher, nous voici devant l'hôpital Necker, à Paris. Oui, parce que les Bluets ont été mis sur la touche, exit le fantasme d'un accouchement peu médicalisé, mon dossier a été dérouté jusqu'à cet établissement impressionnant, les grandes peluches dans l'entrée et, sur les panneaux, la précision qu'il s'agit d'un hôpital pour « enfants malades ». Deux semaines avant d'accoucher – est-ce qu'on me l'a dit avant et que je n'ai pas saisi ? – deux semaines avant d'accoucher, je comprends qu'il y a un souci avec mon placenta.

50 nuances de culpabilité maternelle

Ce placenta défectueux a changé le rapport que j'entretiens avec mon corps. « Madame, votre bébé est tout petit. » Oui, merci, c'est qu'on n'est pas très grands dans la famille. « Oui, mais… là, il est *vraiment* petit. Le placenta ne le nourrit pas assez. » Je n'ai pas entendu « le placenta », j'ai entendu : « *vous* ne nourrissez pas assez votre bébé » ; j'ai entendu : « ah ouais ! il est même pas encore né et tu te loupes déjà, eh bah ! qu'est-ce que ce sera après » ; j'ai entendu : « son problème cardiaque, c'est à cause de toi » – « à cause de toi » a résonné longtemps. « Le placenta ne le nourrit pas assez, je sais que c'est contre-intuitif, mais il sera mieux à l'extérieur de votre ventre. » Mon cœur se fissure. Pourquoi mon corps à moi s'est emmêlé les pinceaux ? Je sais que je n'y suis pour rien. J'en ai conscience, mais au fond de mon âme, tout au fond, je me sens quand même si coupable. Cette fameuse culpabilité qui rime avec maternité, elle a démarré là, dans les nervures obstruées de ce placenta, dans ce cordon ombilical trop petit qui empêchait mon petit chat de se retourner tête vers le bas. J'ai beau être féministe depuis bien longtemps – même avant MeToo, c'est vous dire –, j'ai beau lutter pour que les femmes se sentent moins coupables, soient plus libres de ressentir ce qu'elles souhaitent, j'ai beau vouloir tordre le cou aux injonctions à la maternité parfaite, épanouie, heureuse, sur le moment je n'ai appliqué aucun de ces engagements féministes et je suis tombée dans un trou noir, avec ce sentiment si triste, celui d'avoir failli. « Le placenta ne le nourrit pas assez, on va programmer un accouchement ; comme il est en siège, par césarienne. » Je ne comprendrais que trois mois plus tard que là, dans le gris du mois d'août parisien, j'étais en train de démarrer une pré-éclampsie. Oh, j'avais bien remarqué les sages-femmes affairées à prendre ma tension plusieurs fois par jour, et à s'émouvoir quand celle-ci dépassait les 15, mais mon cerveau n'a pas fait le lien, tout entier dédié au bébé qui allait naître.

Mon corps porte l'empreinte de cette matinée-là, cette cicatrice, en haut de ma culotte. Les premiers jours, je n'ai pas osé la regarder. Elle était douloureuse ; la nuit, quel effort pour se diriger vers les toilettes, le corps courbé en deux, mon arrière-grand-mère ressuscitée. Mais seize mois plus tard, je la regarde aujourd'hui avec amitié, elle forme presque comme un sourire. Mon corps est marqué, mon esprit aussi. Ce drap bleu immense, bien plus grand que dans les films, qui tombe presque sur le visage, mes bras en croix, cette sensation de froid, trembler, trembler à en claquer des dents, trembler encore deux heures après avoir accouché, mon corps qui valse, vivant et inerte, ne pas entendre crier le nourrisson qui voit la lumière pour la première fois mais les mots d'une infirmière qui note l'heure de sa naissance, « félicitations, mesdames, E. est né ». Maëlle sort de la pièce, « regardez droit devant vous », lui souffle une infirmière pour éviter que son regard glisse sur mon ventre découpé en deux.

Quelques minutes plus tard, une autre infirmière entre dans la pièce, elle me tend le téléphone de Maëlle avec des photos de notre fils prises quelques secondes plus tôt. Alors c'est lui ? C'est lui qui était au creux de mes entrailles, quelques minutes plus tôt ? Au sortir du bloc, ils me déposent son minuscule petit corps dans le creux de mon cou, et nous nous retrouverons sept heures plus tard. La nuit qui suit l'accouchement, je suis prise de vertige : je suis réveillée par des pleurs, je mets quelques secondes à saisir la scène, je suis réveillée par d'autres bébés, ceux des chambres à côté. Je suis réveillée toutes les deux heures, peut-être toutes les heures, par d'autres bébés que le mien. Mon enfant, lui, est à un autre étage, en soins intensifs. Curieusement, en y repensant, c'est aussi ce service de soins intensifs qui m'a fait me sentir mère pour la première fois. Pour y accéder, il fallait sonner, et pour que quelqu'un nous ouvre, nous présenter. « Bonjour, ce sont les mamans d'E. » *Les mamans d'E.* C'était la première fois que je prononçais ce mot, si familier et si étrange à la fois.

Un pas de côté

Pour moi, ça a d'abord été ça, se sentir mère : être en décalage. C'est comme si… comme si je n'étais pas allée au bout de l'expérience. Que je m'étais arrêtée avant, que j'avais crevé au dernier tour de piste avant l'arrivée. Est-ce que j'avais mal fait quelque chose, mal mangé, mal pensé ? C'était forcément de ma responsabilité. Je voulais cocher toutes les cases de la grossesse, je voulais ressentir les contractions, accoucher par voie basse, j'ai pris tous les cours pour apprendre à respirer. D'ailleurs, un jour, une copine m'a dit qu'accoucher par césarienne, ça va, c'était pas comme *accoucher vraiment*. Je ne lui en veux pas, je sais qu'ils sont nombreux à penser comme elle. Moi aussi parfois, d'ailleurs, j'ai pu penser : quand même, c'est plus simple. Oui, se sentir en décalage alors même que, par cette grossesse, j'avais la sensation de remettre un pied dans la sacro-sainte norme de nos existences. D'accord, j'étais lesbienne, mais il n'y a rien pour une femme de plus normatif que de devenir mère. Les regards tournés vers votre ventre rond, puis vers votre bébé, vous existez, vous êtes visible, vous faites *ce qu'il faut* ; alors même que l'homoparentalité, elle, est invisible. Dans la rue, personne ne sait mon orientation sexuelle. Ou personne ne veut le voir. Je me souviens de cette scène cocasse, sur une plage, à six mois de grossesse, un baiser avec ma compagne, et tous les regards braqués sur nous, incrédules. Comment, hein, quoi, que se passe-t-il, qui êtes-vous, au secours. Quitte à être dans le décalage, autant décocher une case de plus : je n'ai pas allaité. Mon garçon était si petit qu'il aurait fallu que je commence par tirer mon lait, et je n'en avais pas la force. Encore aujourd'hui, je ne peux m'empêcher de commencer par me justifier, tant l'idée selon laquelle les mères doivent allaiter est ancrée dans nos esprits, et encore plus les mères de prématurés puisque ce serait *meilleur* pour eux. *Ah, vous n'allaitez pas ?* Déjà que, à cause de cette histoire de placenta, j'avais loupé le premier round de « comment bien nourrir son bébé », là je le faisais exprès, c'est pas possible ! J'avais honte quand les infirmières de la PMI pas très loin de chez nous me demandaient d'un air entendu si je l'allaitais, j'avais

honte de répondre non et je ne pouvais pas m'empêcher
de chercher une justification. Incapable d'assumer mon
choix. Car c'en est un et je vais être honnête avec vous :
je n'ai pas allaité parce que je n'en avais pas le désir. Si
mon bébé était né *normalement*, encore la norme qui vient
s'incruster, peut-être que j'aurais tenté, quelques jours,
quelques semaines. Mais ça n'a jamais été un désir fort,
viscéral. Au contraire, même : j'étais heureuse de retrouver
mon corps pour moi toute seule. Bien sûr, je comprends
le lien avec l'enfant qui dure encore, cette bulle qui ne
se brise pas ; mais j'ai été très heureuse de partager cette
relation privilégiée avec ma compagne.

Les médecins m'avaient prévenue : après une grossesse
si éprouvante, j'avais des risques accrus de souffrir d'une
dépression du post-partum. Mais j'ai trouvé que, une fois
rentrés chez nous, tous les trois, nous avons tout de suite
créé une bulle. Maëlle a repris le travail un mois et demi
après la naissance de notre fils, nous avons eu le temps
de nous ajuster ensemble. J'ai adoré ce moment de flotte-
ment, ces petits pleurs de nourrisson, à un volume sonore
encore faible, les nuits entrecoupées dans une forme de
brouillard – pourquoi le voisin du 7ᵉ, en face, ne dort
jamais à 3 heures du matin ? et tiens, lui a encore sa télé
allumée ; c'est qui, ce mec qui rôde autour du parc ? J'ai
adoré le nourrir, le changer, le présenter au monde dans
ses vêtements 0 mois dans lesquels il nageait. Plus largement, j'ai adoré être en congé maternité. Déjà parce
que – merci l'homosexualité féminine – j'ai trouvé que
la charge mentale était bien répartie. Bien sûr, puisque
je ne travaillais pas, j'étais préposée à accompagner E.

aux rendez-vous médicaux et lui ai davantage donné ses biberons. J'ai toujours été très concentrée sur ses repas, sans doute en conséquence de la culpabilité ressentie de ne pas le nourrir assez pendant la grossesse. Encore aujourd'hui, je préfère que ce soit moi qui lui donne à manger (promis, j'en parlerai à ma psy). Mais pour le reste, tout était bien réparti. Les couches, plus pour Maëlle ; les bains, au début, on les donnait à deux ; on alternait pour les courses et la vaisselle, on alternait pour tout. Il n'a jamais été question de vivre avec quelqu'un à qui je doive expliquer le fonctionnement de notre enfant. Nous étions ensemble, c'est tout. Et mon post-partum a été très doux.

Aussi, peut-être, parce qu'un mois après la naissance d'E., j'ai publié une bande dessinée, et j'ai dû me rendre à plusieurs reprises en librairie. Seule, la plupart du temps. Quand j'avais découvert la proximité entre ces deux dates de naissance, j'avais pris peur ; mais en fait, ce fut un cadeau. Une possibilité d'exister en dehors de chez moi, d'exister en tant que femme et non pas seulement en tant que mère, de faire confiance, entièrement, à celle qui partage ma vie. Je crois que l'on devrait toutes sortir un livre en même temps qu'un bébé, tant c'est un moyen de conserver ce qui peut tant manquer une fois devenues mères : un morceau de liberté.

Et je crois que pour se sentir vraiment libres, et même, osons le terme, apaisées, on devrait être mieux préparées à laisser nos bébés dans d'autres bras que les nôtres. Je connais l'adage « Il faut un village pour élever un enfant », mais le village autour de nous ressemble à un hameau :

les grands-parents d'E. n'habitent ni dans la même ville, ni dans la même région que nous ; beaucoup de nos amis sont eux-mêmes parents et ceux qui ne le sont pas n'ont aucune vocation à être des baby-sitters, alors, la plupart du temps, nous ne pouvons compter que sur nous. Mais heureusement, en journée, nous pouvons nous appuyer sur le soutien et le travail de la nounou d'E. J'aurais aimé être formée à devenir employeur ; c'est si étrange de discuter salaire et congés avec une autre femme, si flou parfois. Nous l'avons choisie elle parce qu'elle était d'une tendresse infinie avec le petit nourrisson que nous lui présentions ; et parce qu'elle se fichait totalement que nous soyons deux mères. Je cherchais quelqu'un pour qui notre homoparentalité ne serait pas un événement. Oh ! je me doute qu'E. entendra dans sa vie tout un tas de remarques plus ou moins désagréables à notre encontre. Mais le plus tard possible, c'est bien, non ?

J'aimerais être plus hermétique au regard des autres, à leur jugement. Avant d'être mère, je regardais toujours un peu effrayée mes copines mamans qui se comparaient entre elles. Promis, juré, je ne mangerai pas de ce pain-là. Surtout que j'ai bien conscience que la mise en concurrence des femmes nourrit le patriarcat, nourrit ce système normatif qui nous domine. Bon. Mais je n'ai pas réussi à éviter le gouffre des comparaisons : « Il ne mange pas encore de cacahuètes, ben dépêche-toi, faut vérifier s'il est pas allergique » ; « Ah bon, il ne se met pas à quatre pattes ? ah ! là, là, mince ! parce que c'est bon pour son développement cérébral » ; « Non mais t'inquiète pas, chacun son rythme, hein, après c'est vrai que, moi, mes petites puces ont marché à sept et neuf mois ». Quel enfer ! Comme si nos enfants étaient des tomates, si possible toutes identiques, à se développer de la même manière ; déjà, à six mois, on te fait bien comprendre que, dans le rang, tu seras mieux. C'est fou comme, même en espérant s'en moquer, on finit par se demander, une pointe d'inquiétude dans la gorge : « Attends, mais t'es sûre que tout va bien ? » Cette norme qui louvoie, qui se faufile, qui s'invite, et nous qui la laissons nous attraper dans ses filets même quand on pense qu'elle ne nous fait pas peur, même quand on s'en est déjà échappé une fois. Regardez : vous faites un enfant, on vous parle d'un deuxième. « Maëlle, t'as pas porté le premier donc le deuxième, c'est pour toi ! » « Un deuxième, ce serait bien, ça ferait peut-être deux filles, deux garçons, l'équilibre parfait. Le rêve, non ? » Je ne sais pas si j'aurai un deuxième enfant, je ne sais pas si mon corps serait d'accord, si ce ne serait pas pour lui trop périlleux, je ne sais même pas si j'en ai envie. Mais je ne fais pas une croix dessus. Peut-être parce que je ne me résous pas à faire le deuil d'une famille classique. Oui, je sais, je vous vois au fond à gauche lever les sourcils, je sais que nous ne serons pourtant jamais une famille classique mais c'est vous dire la puissance de l'injonction. Ou ma difficulté à sortir de la file. Je dois bien l'avouer, c'est une déception : je pensais être plus libre, je pensais être plus détachée du poids du regard des autres. Mais peut-être est-ce le grand défi de ma maternité : me sentir libre et heureuse en ayant un pied hors de la norme et un autre pied... dedans.

Déjà, à six mois,
on te fait
bien comprendre
que dans le rang
tu seras mieux.

La maternité
est un sport de combat,
et les mères,
des gladiatrices.

Bouche cousue

ILLANA WEIZMAN

Pour la philosophe Camille Froidevaux-Metterie,
l'émancipation des femmes est passée par une
désincarnation de leur corps. Mais elle avance, dans
Le Corps des femmes : la bataille de l'intime, que
depuis 2015 on assiste à un « tournant génital du
féminisme » avec la mise en avant des poils, des
règles, de l'endométriose ou du clitoris, une sorte
de réappropriation de leur corps par les femmes
et une affirmation de ses spécificités, sans toutefois
les enfermer dans une biologie cloisonnante dans
un genre. En 2019, Illana Weizman lançait avec le
hashtag #MonPostPartum un grand mouvement de
libération de la parole sur les difficultés maternelles
et expliquait notamment dans son livre *Ceci est
notre post-partum* que le corps des jeunes mères,
tabou absolu, était à l'opposé de toutes les attentes
de la société. « Il est un affront au lot d'injonctions
qui pèse sur les femmes : son aspect d'abord
– ses contours, sa fermeté, ses marques, les
fluides qui s'en échappent –, mais aussi le fait qu'il

soit diminué quant à ses capacités physiques[1]. »
Dans le récit qui suit, elle explique comment elle a
vécu cette révolution intérieure, d'incrédule face à
ces non-dits à porte-voix d'une maternité complexe
et silenciée, tentant d'ouvrir les corsets corporels et
psychiques imposés à toutes les mères.

La maternité, éclairage blafard
sur ma condition de femme

Très tôt, j'ai eu conscience de ma condition genrée et
des injustices qu'elle pouvait charrier. Élevée dans une
famille juive séfarade, j'ai depuis l'enfance observé la
place à laquelle étaient assignées les femmes de ma famille
élargie. Lors des grandes tablées du shabbat ou des fêtes
juives, j'étais témoin de l'activité et de l'affairement des
individus selon qu'ils étaient nés hommes ou femmes.
Je devais avoir une dizaine d'années lorsque cela me
sauta aux yeux pour la première fois. Quelles étaient les
personnes qui restaient assises, leurs fessiers imprimant
le velours des coussins de chaise, et quelles étaient celles
qui s'activaient en cuisine et autour de la table. La caco-
phonie des assiettes que ma grand-mère, ma mère, mes
tantes, abeilles affairées autour de la ruche domestique,
levaient, empilaient, déposaient dans l'évier de la cuisine
puis tout autour par manque de place, tandis que les
hommes de la tablée n'avaient pas à interrompre leurs
conversations et leurs grands claquements de rire, sirotant
leurs verres de vin et terminant le fond de leurs assiettes

---

1 Illana Weizman, *Ceci est notre post-partum*, 2021, Marabout, p. 80.

avec appétit. Peu de temps avant la disparition de ma grand-mère paternelle, une des dernières phrases que j'ai entendues de sa bouche a été : « Je n'ai pas profité, je me suis sacrifiée toute ma vie. » Cette phrase a eu l'effet d'une déflagration interne. Mon cœur s'est émoussé. Et dans ces mots, ma tendre mamie venait de me tendre un miroir de ma condition. Je peux dire aujourd'hui que c'est ce jour précis qu'est née en moi une conscience féministe. Je ne voulais pas être une sacrifiée.

Plus tard, c'est sur le terrain de la corporalité et de la sexualité que j'ai ensuite encore un peu plus pris conscience de ma condition de femme. Je me souviens vivement de cette première remarque d'un ami de mon père sur ma poitrine naissante ou encore le harcèlement de rue constant dès l'âge de treize ou quatorze ans, les premières relations malaisées, à la lisière du consentement, avec certains garçons. Pourtant, malgré la pesanteur de ces différentes expériences, malgré ces réalisations successives à plus ou moins grande intensité, le moment pivot de prise de conscience féministe total et absolu et l'envie de me jeter à corps perdu dans ce combat a été mon entrée dans l'arène de la maternité. Oui, je dis bien « arène ». Et le choix du mot est pesé. La maternité est un sport de combat et les mères, des gladiatrices jetées en pâture par une société qui ne fait que peu de cas de leur santé physique et mentale. Chaque individu, institution, collectif, comme autant de lions aux jugements acérés sur chacune des paroles, postures, gestes maternels. En tant que mères, nous sommes constamment jaugées, jugées, appréciées comme bonnes ou mauvaises. En réalité, toujours pas assez bonnes, et plutôt souvent mauvaises. Quoi que nous fassions, quel que soit notre niveau de sacrifice, d'abnégation et de don de nous, cela ne sera jamais assez, assez grand, assez bien, assez total. Et, pour reprendre la métaphore filée de la gladiatrice, à la fin du combat, le bras est tendu devant nous, et le pouce incliné vers le bas. *Ave patriarcat, celles qui vont mourir te saluent.*

Enceinte, j'ai été plutôt préservée. J'évoluais dans un monde tout à fait illusoire, enlacée dans des projections fictives, le scénario de la mère que je serais, semblable en tous points aux images d'Épinal que l'on m'avait servies jusqu'alors. Le fait que ma grossesse se soit déroulée de façon très douce, fluide, que je n'ai pas rencontré de complications ou ressenti de maux particuliers a été d'un côté une bénédiction, de l'autre un trompe-l'œil. J'ai imaginé que tout serait toujours aussi simple et mélodieux. La facilité et la félicité de ce temps bienheureux me confortaient dans l'idée fausse que la maternité allait de soi, que je saurais faire instinctivement, délire essentialiste, qu'après tout j'étais faite pour ça, que ce serait la consécration de ma vie. Je me souviens du moment où la sage-femme a posé mon fils sur mon ventre, j'ai dit à mon mari, après un accouchement long et laborieux : « Ça y est, le plus dur est fait, maintenant ça ne sera que du bonheur. » Je répétais, cacatoès du patriarcat, le narratif éculé que je pensais être incontestable et vérifié par des milliards de femmes avant moi. Tout était alors en place pour que je prenne le mur du post-partum en pleine face, dans un bruit sourd, un choc énorme. Soudainement, je ne pouvais plus me cacher derrière des fantasmes, derrière l'idée que je me faisais d'être mère. Idée que je n'avais pas bâtie de nulle part, mais qui découlait directement de l'imagerie façonnée par nos cultures et qui tend à nous faire croire que la maternité ne peut qu'équivaloir à un bonheur sans faille. Depuis maintenant bientôt cinq ans, la naissance de mon fils, chaque jour qui se lève et se couche apporte sa touche de nuance et désintègre cette idée. La maternité est un nom qui peut s'accorder avec bonheur, mais aussi avec une myriade de sentiments sombres ou en demi-teinte, d'ambivalence, de joie, de détresse pleine, de mélancolie, de regret, d'épanouissement, de réalisation de soi et d'aliénation. Et tout cela dans le même temps.

Afficher un bonheur immaculé ou se taire

En devenant mère, le choix est maigre quant à l'expression de son ressenti. L'expression de soi ne peut être alignée que sur des formes d'exaltation et de rayonnement. L'émotion quintessentielle, le narratif central est celui de l'euphorie douce d'avoir enfin trouvé sa place, sa voie. Tu es enfin mère, et tu es supposée t'épanouir comme cela n'a jamais été le cas auparavant. Ni en amitié, ni professionnellement, ni en couple, ni ailleurs. C'est le statut de mère, et uniquement celui-ci qui te donne ta valeur, ta force, ton but, ta mission. Ainsi, lorsque tu commences à sentir le frémissement interne que cette sacro-sainte maternité ne t'apporte pas uniquement du bonheur mais aussi une certaine dose d'empêchements et de difficultés, tu n'as pas le droit ou la place de l'exprimer.

Tu n'en as pas le droit car, symboliquement, cela serait une trahison de ton genre, une déloyauté à la mission qui t'est échue. Tout ce qui touchera désormais à ce pan de ta vie ne peut souffrir la complainte ou même la simple nuance. C'est dur ? « Il y a pire, il y a des femmes qui ne peuvent pas avoir d'enfant », « Ravale tes larmes, cela n'est rien en comparaison au bonheur d'avoir ton enfant », « Les enfants, de toute façon, ce n'est *que* du bonheur ». Non ce n'est pas *que* du bonheur, c'est du bonheur et plein d'autres choses encore. Et si tu as l'outrecuidance de l'évoquer, tu es punie socialement par l'étiquette de mauvaise mère, de faible, de femme qui a sans doute une sorte de bug dans son système.

Alors, moi aussi, j'ai abdiqué, je me suis tue. Je les avais intégrés, les dimensions de transgressions, tabous et interdits. Je savais ce qui m'attendait si j'osais évoquer l'adversité et les complications. Je les voyais poindre, les remises en place, les petites phrases assassines dites avec une pseudo-bienveillance, j'anticipais que l'on m'attrape par l'oreille et que l'on me rappelle que la maternité est merveilleuse et rien d'autre, que l'on me remette sur le droit et juste chemin. Pendant huit longs mois je me suis tue. Je cachais mon mal-être à tous et toutes, jusqu'à mon conjoint. Je me cachais aux toilettes pour pleurer. Je laissais les sanglots sortir sous la douche en mettant de la musique à très haut volume, les larmes coulaient conjointement dans le siphon avec l'eau savonneuse. Huit mois, c'est long. Un tunnel.

Avec le recul que j'ai aujourd'hui, je réalise que lorsque mon fils est né, j'ai endossé un rôle. Le rôle que l'on avait taillé collectivement pour moi et tous les membres de la classe des mères, et que je me précipitais à jouer de façon impeccable, sans en oublier la moindre ligne, sans que je n'aie besoin de l'aide d'un souffleur. J'avais lu le manuscrit, je l'avais appris par cœur, je pensais savoir par avance ce qui était important pour moi, pour mon fils. Je savais à quoi je voulais ou, plus précisément, devais correspondre. Ainsi, à partir de la naissance de mon fils, les jours, les semaines et les mois passant, je n'ai pas retiré le costume, alors même qu'il me démangeait de plus en plus, que faire tomber le masque aurait été salvateur, même quand j'ai commencé à me sentir m'enfoncer lentement, irrémédiablement, je gardais les dents serrées, je craquais dans mon coin, je m'essuyais le visage et me présentais à nouveau au monde, ostensiblement heureuse. Mais je ne l'étais pas, ou du moins pas uniquement. Les rares fois où j'ai voulu faire craquer la façade, montrer ma vulnérabilité, à ma mère, à des amies, j'ai tout de suite été corrigée, ma parole n'avait aucun poids : « Oui, ce n'est sûrement pas évident de ne pas dormir », « mais quand même, ton fils, quel amour », puis « il est en bonne santé », « au moins il n'a pas de remontées acides ou de coliques ! » « tout passe, ne t'inquiète pas ». Tout passe, mais pour le moment je suis en plein dedans, et tout passe, mais au prix de quelles séquelles ? Qu'est-ce qui reste de la noirceur une fois qu'elle est passée ? J'ai bien conscience qu'il n'y avait pas de malveillance directe ou manifeste de la part de mes proches, mais toujours est-il que ces propos mécaniques visaient plus ou moins consciemment à me repositionner sur la voie tracée du bonheur maternel en écho de la norme sociale établie.

Dans les faits, des pensées sombres me traversaient perpétuellement : *Je me demande si je suis normale.* SILENCE ! *Je ne comprends pas pourquoi je ne suis pas heureuse.* SILENCE ! *Je ne sais plus qui je suis…* SILENCE ! *Je meurs intérieurement.* SILENCE ! *Aidez-moi…* SILENCE ! Cette injonction à l'unisson au mutisme, subtile ou frontale, passe par tous les canaux, tous les cercles, du plus large au plus intime. Ce sont les publications Instagram léchées d'influenceuses et de célébrités vivant leur quotidien avec supposément toute l'aise du monde, le sourire large et blanc, leurs bambins dont les vêtements sont assortis à leur sac ou le décor ; ce sont les publicités pour produits en lien avec la maternité ; ce sont les films, les séries ; c'est ma mère qui me dit, lorsque je lui confie du bout des lèvres que c'est compliqué, que les enfants sont la plus belle chose qui puisse nous arriver et rien d'autre ; ce sont les amis, l'entourage qui ne me demande pas comment je vais, qui ne s'intéresse pas à moi, à mes émotions, à ce qui se passe en profondeur car l'idée par défaut est que je ne peux être que plénitude et extase auprès de mon enfant. À chaque fois que ma mère m'a dit : « Les enfants, ce n'est que du bonheur », elle m'a dit de taire les moments où non, ce n'était définitivement pas du bonheur. C'était *aussi* de la douleur, de la tristesse, de la nostalgie de ma vie d'avant, de l'amertume, de la fatigue, des cris, des larmes. Lorsque mes amies me lançaient simplement un « oh ! ça passe », elles me disaient de me taire. Lorsque j'ai tenté de confier mes difficultés à ma sage-femme et qu'elle m'a répondu : « Vous savez, certaines femmes ne peuvent pas avoir d'enfants, vous faites partie des chanceuses », elle me disait de fermer ma gueule. Personne ne m'entendait. Au mieux, on m'écoutait d'une oreille émettre un son de cloche différent puis on me disait que, tout de même, c'était surtout génial. Ce qui en somme revenait à me dire de la fermer. Chaque jour portant son lot de représentations et de discours biaisés, il m'a été enjoint de taire la réalité de mon vécu.

En tout et pour tout, il m'aura fallu huit mois pour sortir du silence. Huit mois entre mon accouchement et le moment où j'ai enfin pris la décision d'aller voir une thérapeute pour ce qui était une dépression post-partum dont je me suis affranchie un an plus tard. Si j'ai pris la parole après ces longs mois, ce n'était même pas un choix conscient, clair. Ce qui s'est produit, c'est que mon corps n'a plus pu suivre le mensonge constant que je m'imposais, il n'a plus pu tenir tête à mon esprit en morceaux. Mon état physique s'est soudainement aligné sur mon état mental que je ne pouvais désormais plus ignorer. Combien de crises d'angoisse, combien de crises de larmes, combien de fois ma gorge s'était serrée à ne plus pouvoir laisser entrer mon souffle. Soudainement je n'ai plus pu verrouiller mes émotions jusque-là entravées dans ma trachée, sentiments que je ravalais face à mes amies, ma famille, mon mari, face au monde. Jusqu'à ce jour où j'ai craqué, allongée au sol, noyée dans des pleurs alors devenus incontrôlables. C'est drôle comme les larmes sont suivies des mots, chez moi. Tel le lubrifiant d'une expression articulée.

Comme j'aurais pu bénéficier d'un allègement, comme j'aurais pu être moins abîmée en chemin si j'avais parlé plus tôt ou, plus précisément, si j'avais eu les conditions de m'exprimer et que l'on accueille véritablement ma parole ! Car j'ai essayé, en réalité. Autant que je le pouvais à ce moment-là, mais je n'ai jamais perçu le début d'une écoute. Et c'est dans ce temps long que j'ai doucement pris conscience de l'injonction au silence faite aux mères. Aujourd'hui je la refuse catégoriquement, je ne me tais plus. Il est vrai que je ne sais plus bien comment parler calmement, comment être posée, « modérée ». Mais cette effusion doit exister. Puis, comment pourrais-je être modérée ? Ai-je même envie de l'être ? Comment exprimer calmement ses émotions quand elles ont été si longtemps réprimées et enveloppées de silence ?

J'ai souvent entendu l'argument : « Ça y est, elles l'ont, la parole. » Comme si, parce que nous commencions à parler, le problème était résolu. Ce discours est malhonnête. Tout d'abord, même lorsque la parole est prise, nous sommes confrontées à des crispations, à de la violence symbolique et des critiques. Aussi, il est encore terriblement complexe de parler dans un système qui nous enjoint de nous taire. La parole n'est pas miraculeusement libérée. C'est le principe d'une injonction : imposer certaines normes, comportements, à un groupe de personnes, et tout ce qui en sort sera sanctionné socialement. Tant est si bien que le respect de cette norme sur un temps long va venir naturaliser les comportements collectifs. En se conformant à la résilience et aux sacrifices attendus de nous, nous finissons collectivement par croire que ces qualités sont « naturelles », « biologiques ». Nous finissons par naturaliser le social. Nous serions par nature résilientes, par nature capables de tout endurer. Non. Si nous sommes silencieuses, ce n'est pas par choix, par instinct, mais par conformisme. Nous nous conformons, parce que parler, c'est transgresser et qu'il est coûteux de transgresser.

C'est coûteux mais je crois que ça en vaut la peine. Posons-nous la question : à qui profite le crime ? Lorsque nous portons ces silences, demandons-nous qui cela arrange. Nous ? Sûrement pas, la souffrance se paie, peu importe à quel point nous sommes résilientes ou capables de serrer les dents. Qui cela arrange-t-il ? Nos enfants ? Non plus. Quoi de plus délétère qu'une mère cocotte-minute, malheureuse, peu épanouie, non alignée sur ses émotions. Nos souffrances profitent à l'ordre établi et à alimenter les mythologies créées pour nous aliéner.

Ne plus être un maillon de la chaîne du silence

La résignation au silence est encore un peu plus renforcée par certains schémas personnels. Dans mon cas, au sein de ma famille, le silence est omniprésent. Il y a beaucoup d'amour, dans les gestes, dans les actes, mais les mots sont terrés. Nous communiquons peu sur ce que nous ressentons, sur ce que nous traversons, sur ce qui nous bouleverse, ce qui nous fait tanguer intérieurement. J'ai toujours perçu ma mère comme un abîme de silence. Elle tenait son rôle : femme au foyer, pourvoyeuse de soins, mère, épouse. Depuis petite fille, je le vois, je l'observe, je suis témoin de ses sacrifices, des tâches accomplies. Puis, un jour, sans crier gare, tout a pété. Après le silence, ce fut le chaos, les cris, les tensions, les conflits. Sans transition. La maison est passée du calme apparent à la tempête la plus folle. Sur le coup je n'ai pas compris. Je crois que personne dans notre foyer n'a compris. Mes frères, mon père, moi. C'est avec du recul et de l'analyse que tout cela a pris sens. Évidemment que le silence n'était pas un vide ou une absence de sentiments. C'était un fouillis d'émotions contenues. Et le jour où ma mère a laissé s'ouvrir une brèche, il n'existait pas d'autre forme de communication que les cris. Le torrent ininterrompu de tout ce qui devait sortir et qui émerge sans subtilité ou nuance. Je me dis parfois que le silence que j'ai vécu en post-partum, elle l'a vécu sur des décennies. Pour elle comme pour moi, le silence n'a jamais été un vide mais un trop-plein qui ne parvient pas à s'échapper. Il est un tonnerre. Il est un tumulte. Un cri étouffé. Le silence, c'est aussi une communication, il est si lourd de sens, si évocateur. Dans le ventre du silence il y a de la douleur, il y a des maux. L'âme hurle les silences. Si quiconque s'était posé près de moi pendant que ma dépression prenait forme, si quiconque avait tendu l'oreille ou tenté de déchiffrer mon silence suspect, il aurait entendu tout l'orage qui grondait en moi, toute l'injustice que je subissais en faisant mine de gérer. Le silence est un avertissement à l'affût de l'attention.

Lorsque l'on enjoint collectivement aux mères de ne pas parler de leurs difficultés ou des injustices qu'elles vivent, on prend le risque que cela explose d'une façon ou d'une autre, on prend le risque de la violence auto-infligée ou infligée aux autres, dans la destruction ou l'entame des relations avec ses enfants, son conjoint, sa famille. Au cœur de ma dépression, tout ce qui ne sortait pas de ma poitrine, de mon ventre, de ma bouche se retournait en violence contre moi-même sous la forme de culpabilisation, de pleurs, de crises d'angoisse ou de phobies d'impulsion. Cela se transformait aussi en rancœur, en amertume vis-à-vis de mon conjoint, de proches, et j'en porte les séquelles plusieurs années après. Le silence a un autre coût, celui de la solitude. Ne pas parler de ses difficultés, c'est penser que l'on est seul à les vivre. C'est penser que tout le monde s'en sort, sauf nous. Lorsque j'ai commencé à prendre la parole sur les questions de la maternité et du post-partum au travers de contenus en ligne et de mon premier essai, c'était comme voir des murs intérieurs tomber. Et le plus beau et le plus grandiose dans ce mouvement a été de voir que ce que je faisais tomber pour moi-même venait en aider d'autres à accomplir le même travail. En brisant mon silence, je permettais à d'autres de le faire. Je les autorisais, dans mon aveu, à briser leur honte intériorisée. Et dans cet effet domino tient la prise de conscience que définitivement, non, aucune d'entre nous n'était seule.

Un des autres aspects délétères de ce processus de silenciation, c'est qu'il place de fait les mères en concurrence les unes avec les autres. Je me souviens avoir haï de toutes mes forces restantes celles que je percevais comme des mères modèles. Alors qu'elles n'étaient sans doute absolument pas modèles pour la grande majorité. Alors que je devais ressembler à une de ces mères modèles pour d'autres. Alors que chacune vivait ses propres silences et mises en scène. Je me suis mise à les détester, autant qu'à les envier parce que je pensais alors qu'elles possédaient quelque chose dont j'étais dépourvue. Le logiciel adéquat, celui qui leur permettait d'être tout sourire du lever au coucher, auprès de leurs enfants. Elles réveillaient chez moi un sentiment d'échec diffus. Échec que je pensais individuel alors qu'il résultait d'un abandon collectif. Et, probablement de la même façon que moi, elles participaient à la mascarade en ne craquant pas, en maintenant le silence et le masque. Chacune partie prenante de ce mensonge collectif. C'est contre ce cercle vicieux que nous devons lutter, c'est contre le propre du silence qui est sa contagiosité. Nous nous passons le relais du silence. Il nous est d'abord imposé depuis le haut, par tous les rappels et conformations sociales, et, lorsque nous l'avons assimilé, nous nous l'appliquons à nous-mêmes, ainsi qu'à celles autour de nous. Nous devenons les gardiennes d'un système qui nous oppresse.

L'imposition du silence
est une mise à mort

Dans le silence que l'on nous impose, on nous met à mort. C'est une condamnation que de ne nous donner droit qu'à une émotion en relation avec la maternité, c'est nier nos vies, nos expériences et leur complexité. On nous veut poupées, sans vie, des publicités ambulantes. En réalité, comme femmes, nous sommes abonnées au silence et à la façade. Les deux types d'injonctions principales pesant sur nous sont celles, d'une part, liées à notre apparence et, d'autre part, à notre statut de mère. Mais que ce soit pour notre apparence ou pour la maternité, nous devons en quelque sorte être désincarnées. Apparence figée, jeunesse éternelle, absence de marques visibles de nos expériences corporelles ou émotionnelles, des mannequins de cire au sourire accroché pour toujours. Il est démentiel de devoir se conformer à des scénarios et des cadres aussi restreints et tout cela sans jamais être considérées comme vivantes, mouvantes, complexes, êtres animés d'émotions ambivalentes, êtres dont les corps, les esprits, les pensées, les émotions, les contours sont complexes, multiples, riches. Ces corsets corporels et psychiques sont insupportables et dévastateurs. Je suis pourtant tellement plus qu'une projection, qu'une idée de la maternité, je suis le réel, je suis l'irrégularité, l'aspérité. Pourtant, encore aujourd'hui, malgré ce qui semble être une prise de parole de plus en plus importante, la maternité reste un lieu qui éteint la lumière sur ce qui n'est pas lisse, ce qui ne correspond pas au fantasme imposé, qui ne met qu'un seul type de discours en avant et relègue le reste dans les coulisses, les abysses. Elle vous laisse aphones sur les questions qui fâchent, qui irritent, qui font mal.

Je comprends que l'utilisation du terme de « mort » puisse choquer, c'est pourquoi je vous demande de le recevoir comme un symbole et non une réalité matérielle. Je crois sincèrement que forcer au silence, c'est tuer à petit feu. Il est de l'ordre de l'anéantissement de nous demander implicitement et explicitement de tout garder en nous. C'est, *in fine,* nous laisser imploser. Lorsque l'on est censuré, et qu'en prolongement on s'autocensure dans un cercle des plus vicieux, cela ne peut qu'avoir un impact terrassant sur la santé mentale. Les statistiques sont terribles, nous les connaissons parfaitement : 10 à 20 % de dépressions post-partum et le suicide comme première cause de mortalité maternelle en France, à égalité avec les maladies cardio-vasculaires[1].

J'ai vécu mon post-partum dans le noir, dans le froid, et sans le droit d'en parler et d'être entendue. Cela relève d'une grande violence, au carré même, car souffrir est une chose, souffrir en silence, c'est une violence sur une violence. Les marques que le silence nous impose sont invisibles, contrairement aux marques corporelles de la grossesse et du post-partum, elles n'en sont pas moins puissantes et douloureuses. Leur invisibilité les rend plus cruelles encore : invisibles aux yeux du monde, non reconnues, nous les traînons seules. C'est pourquoi ce que je souhaite pour nous, mères, ce pour quoi je lutte inlassablement aujourd'hui, c'est que nous soyons vues, reconnues, entendues. Et au-delà, que cette écoute active puisse être suivie de faits, d'actions politiques, de prises de décision courageuses de nos institutions. Ce que nous demandons, c'est une société qui écoute *et* qui agit pour l'équité.

Nos silences sont des prisons. Faisons exploser leurs murs par notre parole.

---

1 *Les morts maternelles en France : mieux comprendre pour mieux prévenir*, 6ᵉ rapport de l'Enquête nationale confidentielle sur les morts maternelles, 2013-2015, Inserm, Santé publique France, janvier 2021 (https://www.santepubliquefrance.fr/maladies-et-traumatismes/maladies-cardiovasculaires-et-accident-vasculaire-cerebral/maladies-vasculaires-de-la-grossesse/documents/enquetes-etudes/les-morts-maternelles-en-france-mieux-comprendre-pour-mieux-prevenir.-6ᵉ-rapport-de-l-enquete-nationale-confidentielle-sur-les-morts-maternelles).

Nos silences sont des prisons. Faisons exploser leurs murs par notre parole.

J'espère un fils
qui saura voir la puissance
de la fragilité,
et une fille
qui saura se mettre en colère.

Le pull rose de mon fils

CLAIRE TRAN

Dans ses livres jeunesse, l'autrice afroféministe Laura Nsafou met en scène des personnages féminins loin des clichés de la princesse diaphane attendant son prince charmant, et propose des histoires puissantes avec des voix trop peu entendues. Les livres pour enfants véhiculent encore beaucoup de stéréotypes de genre, et leurs petits lecteurs, véritables éponges, prennent les rôles attribués aux femmes et aux hommes dans ces pages comme un ordre des choses tout à fait naturel. Claire Tran, en devenant mère, a dû faire face à ce flot de clichés si dommageables à l'épanouissement des enfants et à l'égalité entre les genres. Elle lutte au quotidien, en modifiant quelque peu les caractéristiques des personnages dans les histoires qu'elle lit le soir à ses deux enfants et en militant la journée dans son association Parents & Féministes, qui œuvre pour une enfance sans sexisme.

Je suis actrice, danseuse et cofondatrice de l'association Parents & Féministes, j'ai trente-sept ans et je suis mère de deux enfants de deux et quatre ans.

Le texte qui suit est un récit personnel de mon entrée en féminisme. Il capture le moment présent, car évidemment mes positions changent, s'adoucissent ou se raffermissent légèrement à travers le temps, en fonction de mes rencontres, de mes lectures, de mes écoutes, et de mes séances de psychothérapie.

Mes idées ne sont pas fixes car mes enfants ne tiennent pas en place. Je vais donc commencer par raconter d'où je viens, pour expliquer d'où j'écris, et tout le cheminement intellectuel qui m'a traversée pour en arriver ici.

Danser, comme une fille : de la douceur à la douleur

Je suis née en 1985 à Londres, de deux parents journalistes, et j'ai une sœur de trois ans ma cadette. Nous étions deux petites filles « très sages », selon mon père. Ça commence bien…

Vers l'âge de trois ans, en bonne petite fille modèle, j'ai demandé qu'on m'inscrive dans un cours de danse classique. Quoi de plus naturel pour une petite fille ? Mes parents s'exécutent et s'en voient ravis. Ce fut une révélation ! Très vite je déclare que je veux devenir ballerine, et ne vis que pour ça. Une véritable vocation, qui me portera longtemps.

C'est donc en justaucorps et en collant rose que je traverse mon enfance, le chignon vissé sur la tête. En dehors de l'école, je n'étais entourée que de filles, car il n'y avait quasiment aucun garçon dans les cours de danse classique. C'étaient les mères qui emmenaient leur progéniture au cours et la professeure était évidemment toujours une femme.

Dans le monde de la danse, nous, les filles, étions la norme. Tout était féminin et gracieux, tout devait être à l'image des ballets que je regardais en boucle sur VHS. Mon idéal était d'être un cygne ou une princesse, ou encore mieux une fée. Le moindre costume de scène à sequins m'exaltait au plus haut point. J'en ressens à nouveau l'émotion trente ans plus tard. L'odeur des studios de danse anciens à parquet me fait toujours frissonner, et revivre des sensations passées.

Aujourd'hui, je me rends compte à quel point j'ai été élevée dans le respect de l'image attendue des petites filles, et combien cela a compté pour moi à l'époque. Si la petite fille que j'étais me voyait aujourd'hui elle serait choquée. Et déçue sans doute.

Mon enfance a donc été bercée par ces stéréotypes de genre, et pourtant j'ai grandi dans une famille ouverte d'esprit et cultivée. Nous habitions dans un quartier résidentiel dans le sud de Londres, sans chichis, et on pouvait qualifier mes parents de *middle class*, intellectuels et de gauche. Ils avaient aussi beaucoup voyagé, ce qui a très certainement contribué à leur ouverture d'esprit. Mes parents ne m'ont jamais dit quelles études ou quel métier il était préférable de faire, et n'ont mis aucune limite à mes ambitions. Ce fut ma grande chance, et je mesure à quel point ce n'était pas le cas pour tout le monde.

À l'adolescence, j'ai eu des rapports assez apaisés avec les garçons à l'école de danse. Sans doute ai-je été très préservée de toute violence sexuelle grâce au dispositif très strict « sport-études » et du fait que la grande majorité des jeunes hommes étaient homosexuels et m'ignoraient gentiment.

Mais malgré le satin et le velours, il y avait très peu de place pour la douceur. L'envers du décor est beaucoup moins rose que le tulle des tutus : on se tire les cheveux pour faire le chignon le plus serré possible, quitte à s'arracher les cheveux ; on se retrouve avec les orteils en sang quotidiennement ; et l'on passe des heures devant une glace qui ne nous renvoie jamais l'image qu'on aimerait voir. Les injonctions à la maigreur et à la performance sont constantes, assumées et perpétuées de génération de danseuses en génération de danseuses. Je n'ai jamais rencontré une ballerine qui n'ait eu de complexes sur son physique. La danse classique, c'est la condition féminine à son paroxysme. Il faut être jeune, maigre, gracieuse, performante, douce, souriante et ne surtout pas parler. Il faut tendre vers une certaine idée de la perfection. Quitte à y laisser sa peau.

À l'âge de seize ans, on me force à changer de cap et je me dirige alors vers la danse contemporaine, où le champ des possibles s'élargit considérablement. Je découvre qu'on peut danser sans avoir mal et qu'on peut s'exprimer sans se détester. Je découvre qu'on peut danser ensemble, femmes et hommes. Mon corps se libère un peu, et ma tête aussi.

À vingt et un ans, fraîchement diplômée du Conservatoire national supérieur de Paris, je me coupe les cheveux très courts. *Tabula rasa.* Je vis de la danse et rêve de faire du cinéma. Je m'habille « comme un garçon » et quand on me le fait remarquer je ne comprends pas. « Je m'habille comme je m'habille », disais-je, au premier degré. J'étais sincèrement surprise qu'on me reproche de ne pas exhiber de signes traditionnellement féminins, car non seulement j'avais l'impression d'être à la mode, d'être cool, mais surtout je me sentais très féminine. Je ne comprenais vraiment pas tout ce raffut autour de mon apparence. Pourquoi est-ce si important pour les gens ? Ça me fait penser à une interview de Françoise Giroud à la télévision en 1970 à propos de la féminité : « J'ai souvent vu des hommes avec un air très angoissé vous dire : "Vous n'avez pas peur de perdre votre féminité ?" Ils en parlent comme s'il s'agissait d'un sac à main, d'une écharpe ou d'un bijou qu'on a laissé traîner sur sa commode : "Mon Dieu, qu'ai-je fait de ma féminité ?" On ne peut pas perdre sa féminité ou la retrouver à volonté[1]. » Ces mots m'ont bien souvent réconfortée et aujourd'hui encore je sens leur justesse me soutenir. Elle manque aujourd'hui, Françoise Giroud...

Je ne me posais pas de questions sur le genre. Je me sentais libre. Je m'étais affranchie des stéréotypes de mon enfance en devenant jeune femme, et ce, sans vraiment m'en rendre compte. Je vivais comme un homme. Enfin c'est ce que je croyais. J'étais indépendante financièrement, je voyageais,

---

1 Extrait de l'émission *À armes égales*, diffusée sur la première chaîne de l'ORTF, 17 novembre 1970, où Françoise Giroud était opposée à Jean Foyer, alors ancien garde des Sceaux, sur le thème : « Faut-il décoloniser la femme ? » (https ://www.ina.fr/ina-eclaire-actu/1970-francoise-giroud-sur-la-condition-feminine)

je travaillais. Et puis passé trente ans, j'ai commencé à sentir la pression monter sur la question d'avoir des enfants. J'ai tout de suite senti que ça allait prendre beaucoup de place dans mes pensées. Ma psy pourrait le confirmer ! J'ai toujours pensé que j'aurais des enfants, c'était une sorte d'évidence, sans doute une reproduction de mon schéma familial, mais ça m'effrayait. J'avais peur de ne plus travailler, de ne plus susciter de désir en tant que comédienne, de manquer de liberté. Comme beaucoup de femmes, j'avais intériorisé les limitations que la maternité leur impose. Le « plafond de mère » des carrières, la stagnation des salaires, le recul des heures consacrées à l'emploi, la fatigue… Mais malgré tout cela, l'année de mes trente-deux ans, mon compagnon et moi décidons d'avoir un enfant. Je me lance. Je deviens « une femme ».

C'est en devenant mère que je suis devenue féministe

C'est fou ce qu'une expérience aussi banale et humaine peut vous métamorphoser. Elle m'a transformée pour toutes les raisons évidentes liées au changement du corps, les responsabilités, l'énorme amour qui surgit comme ça… mais aussi parce qu'elle a modifié mon regard sur le monde. La maternité m'a obligée à trouver une nouvelle identité, et à négocier des virages intellectuels très raides. Je me souviendrai toute ma vie du soulagement qui m'a traversée lorsqu'à l'échographie on m'a annoncé que c'était un garçon. Instantanément je me suis dit : « C'est bien, il ne va pas galérer, il aura les privilèges de son sexe. »

Devenir mère, mais continuer d'être une femme, une amoureuse, une amie, une artiste, une citoyenne. Et c'est là que l'affaire devient compliquée. Ça paraît simple, évident même, mais c'est sans doute la chose la plus difficile et la plus importante que j'ai vécue de toute ma vie. La période post-partum immédiate a été tellement brutale que j'ai vite commencé à nourrir une colère et un sentiment d'injustice. Je ne comprenais pas qu'on ne m'ait pas prévenue des difficultés que j'allais rencontrer, de la solitude que j'allais ressentir, de la fatigue extrême que j'allais traîner pendant des mois, voire des années, de l'asservissement que représentait l'allaitement. J'avais pourtant lu les ouvrages recommandés et les blogs en tous genres, j'avais assisté aux cours de préparation à la naissance, fait de l'haptonomie et du yoga prénatal. J'étais bonne élève, j'avais tout prévu, et même rédigé un projet de naissance. Mais à aucun moment je n'ai été mise en garde de l'énormité du truc. Aucune des femmes de mon entourage ne m'a prise entre quatre yeux pour me dire la réalité des premiers mois avec un bébé. Les images d'Épinal de la mère sont partout et elles sont entrées dans nos têtes très tôt. Dans les tableaux au musée, les films au cinéma, dans la publicité, dans la culture populaire. La maternité est un must. Dès l'âge de deux ans, on vous fiche un poupon dans les bras et on vous fait « ooooooh ! » la mine réjouie. Pas étonnant que trente ans plus tard il y ait un malaise.

Avec le recul, je me dis que si j'avais été alertée, avec bienveillance, des pièges à éviter et de la pénibilité de ce travail maternel, j'aurais peut-être vécu toute cette période moins difficilement. J'aurais été plus gentille avec moi-même. J'aurais demandé de l'aide. Certes toutes les jeunes mères ne vivent pas mal leur post-partum. Mais tout de même… ce silence !

Donc c'est en devenant mère que je suis devenue inévitablement féministe. J'en voulais à la société d'invisibiliser les mères. Je n'acceptais pas l'hypocrisie d'un pays qui incite à faire des enfants mais où rien n'est vraiment mis en œuvre pour que la maternité s'inscrive dans l'espace et le débat publics. Travaille comme si tu n'avais pas d'enfant et occupe-toi de tes enfants comme si tu n'avais pas d'emploi. Circulez, il n'y a rien à voir.

C'est en écoutant un podcast documentaire de la journaliste Charlotte Bienaimé, « Un podcast à soi », que j'ai véritablement compris l'aspect structurel de la souffrance de beaucoup de mères. Elle a mis des mots sur des choses que je ressentais et ça m'a permis de penser plutôt que subir. Quand on me demande comment j'en suis venue à militer et à cofonder une association, je réponds ceci : c'est la décision de transformer ma colère en action, et c'est grâce à Charlotte Bienaimé. Dans l'épisode 4 du podcast[1], la chercheuse Anne-Sophie Vozari dit : « On invite les femmes à laisser une place aux pères. Alors tout ce discours sur *laisser la place au père*, c'est encore la responsabilité des mères de faire en sorte que leurs hommes deviennent pères de leur enfant. » J'encourage tout le monde à écouter son podcast qui est une merveille d'intelligence et de sensibilité.

---

1 *Un podcast à soi*, une création de Charlotte Bienaimé, n° 4 « Papa où t'es ? », mise en ligne 2018, Arte Radio (https://www.arteradio.com/son/61659560/papa_ou_t_es_4).

Action !

En juillet 2019, nous sommes un petit groupe de mères à déposer les statuts de l'association « loi 1901 » Parents & Féministes, avec pour objet : une parentalité égalitaire et une enfance sans sexisme. Mes premiers sujets de travail portent sur les inégalités quant à la répartition des tâches dans les foyers hétérosexuels, et la solitude et l'isolement des mères en post-partum. Me voilà embarquée dans une aventure toute nouvelle : le militantisme et la réflexion de groupe. C'était très réconfortant pour moi à cette époque de savoir que je n'étais pas seule, et que d'autres avaient aussi envie que les choses changent. Le besoin de parler de nos vécus a engendré notre première mission associative : la création de groupes de paroles pour les mères.

C'est aussi en voyant mon fils grandir que j'ai pris conscience du sexisme dans l'enfance. On me disait que les garçons étaient ceci et les filles cela. Le flux de remarques sexistes était intarissable : « Il aime se bagarrer, c'est normal c'est un garçon ! » « On l'invite à l'anniversaire de machine, mais ne t'inquiète pas il y aura aussi des garçons. » Sans parler du domaine vestimentaire ! Par exemple, quand j'ai acheté des bottes d'hiver à mon fils, le vendeur m'a d'abord demandé si c'était pour une fille ou un garçon. « Je crois que, concernant le pied, c'est la pointure qui compte », lui ai-je répondu, en choisissant une paire « pour fille » tout en précisant que c'était pour mon fils, il était perdu le pauvre. Comme dit la chanson, « c'est peut-être un détail pour vous, mais pour moi ça veut dire beaucoup ».

Je ne cesse de m'étonner qu'en 2022 le rose soit encore réservé aux filles et le bleu aux garçons. Il n'y a rien à faire, les couleurs sont genrées, et ce, depuis que l'industrie du textile l'a décrété dans les années 1970. Et pour cause : c'est lucratif. Désormais on doit offrir une nouvelle garde-robe pour le petit frère ou la petite sœur. Fini le blanc pour tous les nourrissons, comme à l'époque de nos parents et avant eux. Il faut absolument codifier les tenues vestimentaires pour reconnaître qui est quoi. Gare à celles et ceux qui n'ont pas la tenue exigée par leur sexe. C'est vrai quoi, le monde risquerait de s'arrêter de tourner si par malheur on prenait une petite fille pour un garçon dans la rue ! On sous-estime à quel point ces stéréotypes enferment les enfants dans des rôles prédéfinis par leur genre et dans une binarité, souvent subie, qui les poursuivra jusqu'à l'âge adulte. L'on peut souffrir de ces étiquettes, et j'en sais quelque chose !

Autre problème, ce monde scindé entre filles et garçons, femmes et hommes, contient une hiérarchisation. C'est plus acceptable socialement d'élever des filles comme des garçons que des garçons comme des filles, car le « féminin » est dévalorisé. Cela exige une honnêteté intellectuelle et une prise de recul de la part des gens qui s'occupent des enfants, pour ne pas tomber dans la hiérarchisation des sexes : d'accord pour qu'une fille joue au bricolage mais d'accord aussi pour qu'un garçon joue avec une poupée ; d'accord pour qu'une fille porte du bleu, et un garçon du rose. On ne peut s'empêcher de remarquer qu'il est plus acceptable pour un parent d'inscrire sa fille au judo que son fils à la danse. Ce phénomène de la dévalorisation du féminin est bien expliqué dans l'excellent livre *Éduquer sans préjugés* de Manuela Spinelli et Amandine Hancewicz[1]. Les deux autrices montrent à quel point la différenciation entre filles et garçons se fait au détriment des petites filles, qu'on veut sages et dociles. À l'école lorsque je dépose mon fils en moyenne section, je constate que toutes les filles portent des robes. Toutes. Tous les jours. Et encore une fois, je ne porte pas de jugement sur les parents, je décris ici ce phénomène pour qu'on se rende bien compte de la binarité qu'on impose aux enfants. Quand je dis « on », je désigne la société tout entière. Il suffit de rentrer dans n'importe quel magasin de vêtements pour enfants pour constater que la séparation est nette : d'un côté le rayon garçon et de l'autre le rayon fille. On nous prend par la main. Même pour les bébés, il y a des bodies « bébé fille » et « bébé garçon ». Cela fait si peur une petite fille dans un body bleu avec un imprimé voiture ? Elle risquerait de vouloir… apprendre à conduire ? Et mettre un body à fleurs à un bébé garçon risquerait de lui faire… aimer les fleurs ? Je préfère en rire.[2]

J'ai eu un garçon en premier, j'ai fait de mon mieux pour l'habiller de façon assez neutre, et de temps en temps avec des habits roses ou fleuris. C'était important pour moi de ne pas l'enfermer dans une apparence traditionnelle de garçon, et de montrer l'exemple autour de moi. Habiller

____

1 Amandine Hancewicz et Manuela Spinelli, *Éduquer sans préjugés : pour une éducation non sexiste des filles et des garçons. 0-10 ans*, 2021, JC Lattès.
2 Je vous recommande à ce sujet la page Instagram de l'association Pépite Sexiste (@pepitesexiste), qui dénonce le sexisme ordinaire dans la publicité. Allez y jeter un œil, ça vaut son pesant d'or !

son fils d'un an en combinaison rose est un acte militant, oui ! Je crois au changement progressif des mentalités, même si le chemin est long… très long. Je scrute les petites marques émergentes non genrées, mais malheureusement, en France, l'offre reste très limitée. Elle est en outre assez chère et je crains fort que le changement par la consommation ne soit pas encore accessible à toutes et à tous. C'est dommage, mais j'ai bon espoir que, avec les réseaux sociaux et des campagnes médiatiques autour du sujet, on incite les marques à évoluer.

J'ai choisi de proposer des vêtements de toutes les couleurs à mes enfants, c'est peu, je sais, mais c'est aussi très symbolique. Concernant mon aîné, dès la petite section j'ai senti mon influence s'amoindrir et les normes prendre de plus en plus de place dans nos vies. Après en avoir parlé avec d'autres parents de mon association, j'ai compris qu'il ne fallait pas que je me braque trop. C'est important que les enfants se sentent libres de s'habiller comme ils le veulent le week-end à la maison. Mon fils est intelligent, il sait que si malheureusement il peut être jugé s'il porte une robe ou un sweat-shirt à paillettes à l'école, il ne l'est pas à la maison.

Il peut être libre avec nous, et c'est déjà pas mal. J'essaie de composer avec le fait que l'école soit un endroit normatif, surtout dans les petites classes où l'envie d'intégration est très forte, et je ne veux pas que mon enfant soit ostracisé à cause de la couleur de ses baskets (!), donc s'il ne veut pas mettre tel ou tel vêtement il ne le met pas. Mais j'ai comme principe de continuer à lui proposer des couleurs vives et notamment du rose et du violet, pour lui montrer que moi, ça ne me dérange pas et que ce sont des couleurs comme les autres. Il me dit d'ailleurs que le violet est sa couleur préférée ! Rappelons-nous que les femmes n'ont pu porter des pantalons dans la rue sans soulever de soupçons et de regards inquisiteurs qu'à partir des années 1960. On a bien avancé, depuis soixante ans, il ne faut pas s'arrêter en si bon chemin !

On dit que tout se joue dans la petite enfance… Moi, ça me terrifie, et ça me travaille beaucoup. Je voudrais que ça travaille tout en haut aussi, au ministère de l'Éducation Nationale, dans les rectorats, dans les lieux d'élaboration des manuels scolaires, dans les lieux de formation. Je voudrais que cela devienne un vrai sujet de société, pas juste une conversation entre parents sur le trottoir de l'école ou dans un post sur Instagram. Il ne suffit pas de s'agiter dans le vent, éternellement, chacun de son côté, on a besoin de relais institutionnels. Les politiques doivent comprendre que l'éducation non sexiste est un enjeu crucial pour la société. Elle permettrait de prévenir tant de violence et d'inégalités. Dans mon association, on dit qu'il n'y a pas de « petits sujets » et que l'intime est politique. C'est vrai pour la maternité, pour les violences sexistes et sexuelles, et pour la couleur du pull de mon fils. Déconstruire les stéréotypes de genre est un combat permanent, car on les rencontre dans tous les domaines. De la mode aux jouets en passant par la littérature, tout ce qui est proposé aux enfants est truffé de stéréotypes.

Pour ma part, j'essaie de choisir avec soin les livres qu'on lit à la maison, et si nous lisons des histoires dont les personnages sont trop stéréotypés, je modifie un peu le texte, la description du personnage par exemple : une petite fille qui est décrite comme très jolie deviendra « jolie et maligne » ; une maîtresse décrite avec les cheveux longs comme une princesse (oui, oui, véridique) aura « les cheveux longs et roux ».

Ouvrir le champ des possibles de mes enfants, voilà ma quête. Nourrir leur imaginaire avec une multitude de couleurs. Je me rends compte que les lectures de mes enfants prennent une place considérable dans leur vie intérieure. La fiction façonne une certaine idée du cours des choses, non ?

Les histoires du soir sont un moment privilégié entre parent et enfant, et l'occasion de discuter de choses de la vie : les liens familiaux, les loisirs, les bêtises, l'amitié, les émotions, les envies, les peurs, les interdits, etc. Le moment du coucher est souvent un moment où surgissent les questions, alors si on peut aborder des sujets tels que l'égalité filles-garçons grâce aux lectures, allons-y ! Et si on ne les aborde pas, ce n'est pas grave, je sais que mon enfant a entendu certains messages et que ça fait peut-être son chemin dans son esprit.

Lorsque j'étais enceinte de notre deuxième enfant, nous avons décidé de ne pas connaître son sexe avant sa naissance. C'était pour moi un acte militant. Ainsi personne ne projetterait de « sexe social » sur ce bébé à naître. Lorsqu'on nous demandait pourquoi, nous répondions simplement : pour laisser ce bébé tranquille ! Et effectivement, ce fut très agréable pendant neuf mois de ne pas avoir à entendre les avis de chacun et chacune sur l'avenir et les relations futures de cet enfant.

Et voilà que notre fille est née en pleine pandémie mondiale. Une petite fille… grande émotion pour moi, et une grande nouveauté pour notre famille. Je me suis dit que j'avais la chance d'avoir un enfant de chaque sexe, car cela me permettrait d'expérimenter. J'allais pouvoir mettre à l'épreuve ma capacité à éduquer sans préjugés. Déjà, vous vous en doutez, elle a hérité de la garde-robe unisexe de son frère !

En réalité ce que je trouve le plus difficile, c'est de répondre aux autres et de réagir de manière appropriée face à des remarques sexistes, qui toujours partent d'une bonne intention, mais qui traduisent des biais inconscients très persistants dans la société. « Oh ! qu'elle est jolie, c'est une vraie princesse », « Regarde-moi ce sourire, elle fait déjà du charme », « C'est une vraie poupée »… vous les avez déjà entendues, n'est-ce pas ? Je me retrouve bien souvent désarçonnée face à ce genre de propos et je m'en veux de ne pas arriver à dire quelque chose sur le moment. Je rêve de pouvoir détricoter ces idées préconçues à chaque fois que j'en ai l'occasion, mais c'est très difficile car ces phrases sont toujours prononcées avec gentillesse et amusement. Une dame au parc, la boulangère, un voisin, des membres de sa propre famille… à un moment donné on se dit qu'on ne peut pas passer son temps à dire aux gens : STOP ! Pour beaucoup d'entre eux, complimenter une petite fille sur sa beauté physique est une bonne chose, totalement bienveillante et anodine, mais en réalité cela ancre l'idée dans la tête des filles qu'il faut être belle, que le physique est important, plus important que l'intellect. Mona Chollet, sur France Inter, disait que ne pas vouloir être belle, pour les femmes, c'était « prendre un risque social » : « On donne toujours une valeur morale à la beauté des femmes, il y a toujours cette idée qu'une femme belle est par ailleurs pure, courageuse, valeureuse, etc. [...] il n'y a pas d'échappatoire en dehors de la beauté, c'est une sorte d'obligation. Il faut beaucoup de courage pour se débarrasser de l'envie d'être belle, c'est vraiment se débarrasser de toute son identité[1]. » Nous sommes toutes baignées dans cette idée depuis toutes petites.

Je parle beaucoup avec ma sœur de ce sujet depuis que sa fille de quatre ans est entrée à l'école maternelle (qu'on devrait appeler « pré-élémentaire », mais bref, on se garde ça pour un autre jour) : la beauté. La beauté est un sujet qui ne concerne que les petites filles, si j'en crois le témoignage de ma sœur. Au bout de quelques semaines en petite section, ma nièce rentrait à la maison en demandant à ses parents si elle était belle. Interloquée, ma sœur répond que ce n'est pas très important ce que les autres pensent, ni d'être belle d'ailleurs. Mais elle insiste, et elle répète souvent qu'elle veut être belle. Elle refuse aussi de porter des pantalons depuis qu'elle a commencé l'école. Il semblerait que le message soit clair : les filles doivent être belles et porter des robes. Ce ne serait pas si inquiétant si les mêmes injonctions étaient faites aux garçons, or ce n'est évidemment pas le cas. La beauté comme critère prépondérant pour être aimée, considérée, valorisée : est-ce vraiment ce qu'on veut pour nos filles ? Jamais mon fils ne m'a demandé s'il était beau, et jamais

____

1 *L'invitée de 9h10*, « Mona Chollet : des sorcières au pouvoir de l'image », octobre 2022, France Inter.

il ne m'a dit qu'il voulait être beau. En revanche il me parle sans cesse d'être fort et de faire la bagarre.

D'autres stéréotypes collent aux baskets de nos enfants, en fonction de leur genre. Un article de Mediapart a révélé les résultats d'une récente étude de l'Ined sur l'écart de niveau en mathématiques qui se creuse soudainement entre filles et garçons en CP[1]. Selon l'un des auteurs de l'étude, le psychologue Jean-Paul Fischer, ces résultats traduisent aussi la précocité avec laquelle les enfants apprennent les rôles sociaux de genre : « Cette réponse est frustrante, car en réalité, dès l'école maternelle et même dès la crèche, on apprend aux petits leur place dans le monde social et avec elle l'ensemble des valeurs qui sont associées aux deux sexes. On fait des associations qui pénalisent les filles. Le féminin est assimilé à l'émotion ou au soin des autres, etc., là où on va associer le masculin plutôt à la rationalité et puis à l'abstraction. Tout ça joue extrêmement vite dans la construction. »

Pas de petits combats

Ce n'est pas de tout repos d'être une mère féministe, j'en prends la mesure en écrivant ce texte. La plupart des choses que je mets en place sont devenues des automatismes, mais ça demande toujours une certaine vigilance. Parfois je suis fatiguée et j'abdique pour ne pas avoir à négocier ou à m'expliquer. Parfois je délègue aussi,

---

1 Jean-Paul Fischer et Xavier Thierry, « Boy's math performance, compared to girls', jumps at age 6 (in the ELFE's data at least) », *British Journal of Developmental Psychology*, nov. 2022, vol. 40, n° 4, p. 504-519 (https://doi.org/10.1111/bjdp.12423) https://www.ined.fr/fr/actualites/presse/ecart-de-niveau-en-mathematiques-entre-les-filles-et-les-garcons-a-quel-age-apparait-il/.

et c'est la personne qui garde mes enfants qui fait les choix. Je m'oblige à ne pas intervenir. Parfois je remonte mes manches et je ne lâche pas sur un sujet. L'éducation non sexiste, c'est un va-et-vient permanent entre ce qu'on aimerait transmettre et ce que la société permet en réalité. On essaie, on tâtonne. Et on le fait à deux.

Parce que oui, nous sommes deux parents ici, et même si je parle beaucoup à la première personne, nous sommes une équipe. Nous parlons d'éducation très souvent, et le sujet des stéréotypes l'intéresse. Je crois que ça l'intéresse d'autant plus depuis que nous avons une fille. Peut-être est-ce parce qu'il a conscience des privilèges dont il a bénéficié lorsqu'il était enfant, et de ceux dont il jouit aujourd'hui en tant qu'homme. Je sens qu'il a une vraie envie de faire autrement, de penser les choses, et d'être un exemple positif pour nos enfants.

Lorsque mon fils est né, j'ai lu et relu *Tu seras un homme – féministe – mon fils !* d'Aurélia Blanc[1], pionnier du genre, en espérant arriver à transformer le livre en réalité. J'en avais surligné des passages entiers pour que mon compagnon et la nounou puissent comprendre ce qui se jouait. J'ai offert ce livre à tous les parents autour de moi, essayant ainsi de prêcher la bonne parole. Et me voilà quatre ans plus tard avec le sentiment que je me bats contre des moulins à vent. Aurélia, pardonne-moi !

Petit dialogue avec mon fils l'autre jour au coucher :

« Les filles veulent se faire belles et les garçons veulent faire la bagarre.

---

1 2018, Marabout.

— Ouh ! non, ce n'est pas vrai. C'est plus compliqué que ça.

— Bah, si !

— Qui t'a dit ça ?

— Personne, c'est comme ça, c'est tout. »

Silence. Respiration forte. Voilà, voilà ! Échec de la mère féministe. Allez en prison sans passer par la case départ. Je ne fais pas le poids face à la tradition, la peur, l'histoire, le patriarcat. Je n'arrive même pas à expliquer à mon fils pourquoi jouer à la bagarre n'est pas un jeu qui m'intéresse mais que les filles peuvent néanmoins, elles aussi, avoir envie de jouer à la bagarre.

J'essaie quand même de mettre en pratique une éducation aux émotions grâce à quelques outils comme des livres ou des cartes, et je l'incite à raconter ses rêves pour qu'on en discute. Je lui demande régulièrement ce qu'il ressent et je lui donne aussi du vocabulaire pour qu'il puisse s'exprimer précisément. C'est fascinant de voir à quel point les hommes de ma génération n'ont pas appris à réguler leurs émotions tout seuls, et comme ça leur est difficile de se confier entre hommes. L'intime a toujours été le domaine des femmes et on n'a jamais autorisé les petits garçons à faire état de leurs émotions et sentiments. Aux filles, les journaux intimes avec un petit cadenas ; aux garçons, les jeux violents. Je pense sincèrement qu'on devrait offrir à tous les petits garçons un carnet secret pour qu'ils puissent s'y épancher et rêver.

Selon Lucile Peytavin, dans son livre *Le Coût de la virilité*, il faudrait éduquer les garçons comme des filles car la virilité coûte cher. N'est-ce pas effrayant de constater que les petits garçons deviennent potentiellement des hommes violents ? Si, et je pense qu'on devrait exposer les chiffres que l'historienne met en avant dans son ouvrage, pour rationaliser les choses : « Au total j'estime à 95,2 milliards d'euros par an le coût des comportements virils en France. Ce chiffre est faramineux : il s'agit d'un montant 1,5 fois supérieur à celui du déficit public annuel de la France, qui s'élève en 2019 à 72,8 milliards pour l'ensemble des administrations publiques. La fin des comportements déviants induits par cette glorification de la brutalité et de domination aurait ainsi un impact très significatif sur la richesse nationale[1]. » Elle souligne par ailleurs l'importance du groupe à l'adolescence dans ce processus. « Le groupe joue alors un rôle déterminant : à travers lui les jeunes hommes puisent leurs références viriles et construisent leur identité. [...] Ainsi, il faut être dur, tapageur, rebelle, proférer des insultes, parler grossièrement, être brutal[2]. » J'ai tant de choses à expliquer à mon fils même s'il n'a que quatre ans. Qu'Obélix peut être tendre, et que Falbala a un métier mais que l'auteur ne le montre pas. Que la véritable force d'Astérix est qu'il est malin, que Bonnemine fait à manger pour tout le village mais qu'elle n'est malheureusement pas payée pour cela. Qu'Assurancetourix, le barde, est courageux de ne pas se bagarrer et de préférer chanter. Que résister, ce n'est pas toujours se battre. Que conquérir ce n'est pas forcément écraser. Je voudrais lui dire tout cela au moment de le border, mais évidemment je ne le fais pas. Je lui lis un *Astérix* et je prépare ses

---

1 Lucile Peytavin, *Le Coût de la virilité : ce que la France économiserait si les hommes se comportaient comme les femmes*, 2021, Éd. Anne Carrière, p. 20.
2 *Ibid.*, p. 72.

vêtements pour le lendemain, un tee-shirt à fleurs et un short, puis je lui dis « bonne nuit mon cœur, je t'aime ». On fait ce qu'on peut.

Je ressens une grande responsabilité à donner à mes enfants une éducation non sexiste qui les prépare à un nouveau monde, pour qu'à leur tour ils deviennent des adultes féministes. Si ma génération a bénéficié des fruits du militantisme de nos mères et de nos grands-mères, je veux que nos enfants se sentent également porteurs et porteuses d'un flambeau féministe. Car le chemin est long encore, et les obstacles qu'on pensait écartés reviennent sournoisement.

On a beau dire que les choses changent très, très lentement, et que les mentalités résistent, je reste persuadée qu'un mouvement est en marche, et qu'on ne reviendra pas en arrière. Alors soit on prend le train en marche et on avance, soit on reste à quai. Voyageons ensemble, c'est mieux quand même, non ?

J'espère de la douceur et de l'attention au soin chez mes enfants devenu·e·s adultes. J'espère du respect et de l'empathie. J'espère un fils qui saura voir la puissance de la fragilité, et une fille qui saura se mettre en colère.

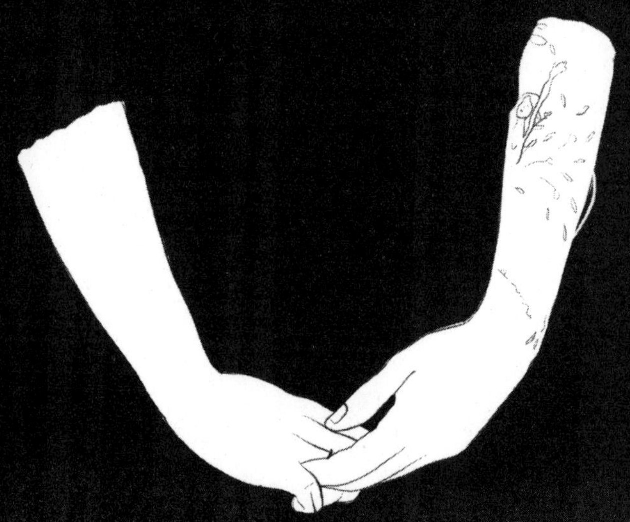
J'ai vite suffoqué
dans ce don
de moi-même.

Donnez, donnez, do-donnez, donnez, donnez-moi

RENÉE GREUSARD

Dans *Le Prix des sentiments*, la sociologue Arlie R. Hochschild décrivait le « travail émotionnel », à savoir la modulation de nos émotions en fonction des attentes d'autrui, aussi bien dans les entreprises – où il peut être monétisé – que dans la vie privée, mettant au jour une notion dont les implications sont la plupart du temps invisibles, comme allant de soi. La dessinatrice Emma, quelques décennies plus tard, dans la petite bande dessinée *Le Pouvoir de l'amour* (extraite de l'album *La Charge émotionnelle*), sortie pendant le confinement

Je suis devenue féministe à la fac. L'affaire s'est produite au milieu d'un double cursus de lettres et de cinéma, de manifestations étudiantes et de discussions vite fait intellos sur le cinéma d'auteurs des années soixante-dix. C'était en 2007. J'avais vingt-trois ans et je militais dans un syndicat (Sud étudiants). On était des enfants qui avaient très envie d'être des grands et on se donnait ces contours-là. Mes camarades avaient décidé de mener des actions « féministes ». Moi, franchement, je ne savais pas ce que c'était. Je voyais à peu près l'idée (l'égalité hommes-femmes *toussa-toussa*) mais, en profondeur, je ne savais pas trop de quoi il était question. Mais bon, comme j'étais toujours d'accord pour de nouvelles aventures et que j'avais surtout énormément d'admiration pour mes camarades gauchistes, j'ai décidé de prendre cette histoire très au sérieux. Voilà comment, en bonne élève consciencieuse que j'étais, j'ai entrepris de lire Simone de Beauvoir.

Tombée dans la marmite
à vingt-trois ans

J'imaginais ingérer vite fait, bien fait une sorte de
« Le féminisme pour les nuls », ce fut une déflagration.
Le Deuxième Sexe, bien sûr, mais surtout et plus que tout :
ses *Mémoires*. Où l'on découvre d'abord une petite fille
qui s'étonne du monde tel qu'il est organisé par le genre
puis plus tard, dans les tomes suivants, une jeune femme
qui s'épanouit en dehors de tout ce qu'on attend d'elle.
Une meuf d'une fraîcheur, d'une vivacité d'esprit, d'une
drôlerie bien loin de l'image austère souvent véhiculée de
la philosophe. Je suis devenue féministe par amour pour
« S2B » (comme l'appelaient ses potes) et pour ses idées.
Dans cet ordre-là, donc.

Je suis devenue féministe et soudain le monde a changé
de goût et de couleurs. Car une fois qu'on a enfilé ces
lunettes, il n'est plus possible de les enlever. Pour le
meilleur, comme pour le pire. Le meilleur, c'est la joie
de cette lutte qui libère, l'émulation intellectuelle forte
qu'elle incarne, la puissance que l'on se découvre à se
tenir la main. Le pire, c'est tout ce qu'il nous reste de
travail à faire, la raison même d'exister de la lutte : les
femmes abîmées, agressées, violées, diminuées, soumises.
Toutes celles et ceux qui se trouvent en bas de l'échelle
du genre, toutes celles et ceux qui ne rentrent pas dans
ce qui est attendu par le moule binaire et essentialiste qui
nous sert de régime.

Voilà. J'avais donc vingt-trois ans et à cette époque, c'était
pas hyper cool cool d'être féministe. Quand on disait

qu'on l'était, les gens parlaient toujours des « Chiennes de garde » ou de « Ni putes ni soumises » (c'était tellement absurde quand j'y repense) : « Ah, oui ! comme les Chiennes de garde ! » « Moi, j'aime pas trop les Chiennes de garde. » « Ah, oui ! je vois bien, genre : "Ni putes ni soumises". » C'est dire à quel niveau (médiocre) se situait alors le débat sur ces sujets.

Aujourd'hui, j'ai trente-huit ans et des gens qui ont vingt-trois ans continuent de mener intelligemment cette révolution à leur manière, qui n'était pas la nôtre. J'ai trente-huit ans et des marques vendent des tee-shirts avec écrit « féministe » dessus (franchement, je ne l'avais pas vu venir, celle-là). J'ai trente-huit ans et tout cela continue de m'enchanter, de m'apprendre des choses, de me bousculer, de me déprimer. Pendant tout ce temps, j'ai appris à penser les violences sexuelles de manière systémique, à observer les liens entre le capitalisme sauvage et le patriarcat, à réfléchir la maternité comme un sujet politique, à écouter les adelphes trans raconter leur vécu, à penser le féminisme au cœur du racisme. Et bien sûr, ce n'est pas fini. J'apprends encore et toujours. C'est la beauté et la malédiction de cette lutte : notre travail de réflexion et de repositionnement ne s'arrête jamais.

J'ai réfléchi de mon côté, beaucoup, en boucle parfois, mais j'ai surtout lu, écouté, regardé des chercheurs, des chercheuses, des femmes, des hommes, des militant·e·s, des citoyens, des citoyennes qui m'ont fait grandir.

Et puis, il y a ce que mon fils m'a appris d'hautement féministe. Quelque chose qui n'existait que sur le papier et qui soudain est devenu tangible. C'est cela que je vais vous raconter aujourd'hui. Vous ne vous étonnerez pas, on va passer par des petits chemins sinueux, mais à la fin tout ça prendra son sens. Considérez que c'est une balade.

La valse des anniversaires surprises

J'ai dix-sept ans et c'est le premier anniversaire surprise que j'organise. Celui de ma mère. J'ai cuisiné pendant des jours dans la petite cuisine de mes parents en prétextant (si je me souviens bien) m'investir corps et âme dans l'anniversaire de mariage de mes beaux-parents. Le jour J, celui de la surprise, ma mère débarque finalement dans son salon pour y trouver une quinzaine de ses ami·e·s réuni·e·s pour la célébrer, elle. Rien qu'elle. Reine du jour. Elle entre dans le salon et elle pleure. Je suis ravie. Car oui, c'est la récompense louche qu'on attend quand on organise des anniversaires surprises. Que les gens pleurent à chaudes larmes. En public. Du cadeau d'amour qu'on vient de leur faire. De cette déclaration inopinée. On attend qu'ils pleurent parce qu'on associe ça à leur grande émotion, bien sûr, mais aussi parce que ça veut dire qu'on a bien bossé : ils sont surpris et heureux. C'est d'ailleurs à se demander qui est au centre d'un anniversaire surprise. La personne qu'on célèbre ou celle qui l'organise ? On y reviendra plus tard.

J'ai dix-sept ans et cet anniversaire surprise, celui de ma mère, est le premier d'une longue série qui va me transformer en serial organisatrice d'anniversaires surprises. Dans mon palmarès il y a, peut-être tout en haut, le « non-anniversaire » de mon ex-mari, Julien (le père de mon fils). On était ensemble depuis peu de temps.

J'étais folle amoureuse et j'avais très envie de lui faire plaisir. Voilà comment j'ai eu l'idée de lui organiser un « non-anniversaire ». Deux mois avant la date réelle de son anniversaire, j'ai invité ses amis à le fêter chez moi, dans ma coloc. Il est arrivé et n'a absolument rien compris à ce qui se passait. J'étais ravie de mon petit effet. C'était très drôle et on a beaucoup ri dans cette fête absurde dont le message principal était somme toute de dire à Julien qu'il méritait d'être fêté allègrement en dehors des dates précises qui le concernaient (mais aussi plus profondément que je l'aimais chaque jour de l'année, intensément). En bas du palmarès, on trouve des choses plus simples comme un pique-nique aux chandelles organisé sur le zinc d'un toit de Paris. Antipasti et vue sublime sur Tati, le roi des magasins cheap où, jusqu'en 2020, on trouvait tout aux « plus bas prix ». Croyez-moi ou pas : c'était une vue magnifique (l'enseigne rose brillait dans la nuit). Voilà donc pour les anniversaires surprises mais, si je réfléchis et que je remonte plus loin encore, petite, j'ai souvent organisé des repas de « restaurant » à la maison. Je collais un « menu » sur la porte de la cuisine, posais une serviette bien pliée sur mon bras, avant de m'adresser à mes parents avec des airs de majordome pour les inviter à prendre place au « Petit Restaurant » (en vrai, la table de notre salon familial sertie d'une nappe blanche et dressée de petites assiettes placées dans des grandes). Je ne sais plus très bien ce que je leur servais à manger. Des petits pois ? des chips ? des cacahuètes ? Ce qui est sûr : il y avait clairement une dissonance entre le contenu modeste des plats et le cérémonial chichiteux que je mettais en place…

Le point commun entre tous ces événements ? Prendre soin des autres, essayer de leur faire plaisir. Dans des moments extravagants comme au quotidien. « Tu peux m'appeler à n'importe quelle heure du jour ou de la nuit, OK ? » « Je t'ai acheté des trucs d'apéro au wasabi, au supermarché (tes préférés). » « J'ai trouvé le cadeau parfait pour maman. »

Avoir besoin de donner. Mais pourquoi ?

La vérité, c'est que j'en avais besoin. Tant et si bien que ça dépassait même largement le cadre de mes proches. Le soin des inconnu·e·s, ce fut Les Restos du cœur (j'avais vingt-trois ans). Ça a duré six mois seulement. J'ai arrêté un soir, en rentrant complètement lessivée et en pleurant chez moi. Quand je me suis mise à faire des soirées électro, j'étais celle qui pouvait écouter pendant des heures des gens que je ne connaissais pas me raconter leurs vies chaotiques. J'étais aussi celle qui pouvait tenir les cheveux d'inconnues en train de vomir toutes leurs tripes, celle qui s'arrêtait à côté des corps échoués au sol d'avoir forcé sur un ou plusieurs produits. Mes ami·e·s faisaient pourtant attention aux autres mais savaient se préserver aussi.

Par cette dévotion et ces soins permanents, je n'étais pas non plus très originale. Une femme parmi tant d'autres, une servitrice parmi tant d'autres : tout à fait inscrite dans les déterminismes du genre auquel j'ai été assignée à ma naissance. Dans un article très complet et intéressant, ma brillante ex-collègue Alice Maruani décortiquait en 2017 cette aptitude typiquement féminine à prendre soin d'autrui : « Les femmes sont poussées à se soucier des autres et à leur donner de l'amour. C'est joli, dit comme ça », pouvait-on lire dans le chapô avant d'apprendre ensuite que « c'est la sociologue américaine du travail Arlie Russell Hochschild qui a conceptualisé le "travail émotionnel" (*emotional work*) dans son œuvre pionnière, *Le Prix des sentiments*, publiée en 1983 et traduite en France seulement en 2017 ». Selon la chercheuse, « la moitié des femmes travaillent dans des métiers où la part du travail émotionnel est importante, surtout les professions de service (la coiffeuse, la vendeuse ou la caissière doivent user de self-control) ou de soin, contre un tiers de la population générale »[1].

En tant que journaliste qui traite d'« intimité », je ne sors pas trop des clous. Je ne sais pas ce qu'imaginent les gens de mon travail, mais la plupart du temps, en interview, je suis plus proche d'une psy (attention, écoute, observation, analyse et, souvent bien malgré moi, grosse empathie) que de David Pujadas.

Mais la charge émotionnelle des femmes ne se retrouve pas juste dans leur travail. Elle est justement partout au quotidien, rappelle encore Alice Maruani. « Ce travail émotionnel ("emotional labor"), demandé aux femmes, est aussi exigeant dans les sphères professionnelle et privée. Cette charge fait partie de la "double journée"

---

1 Alice Maruani, « "Les femmes sont bonnes" : parlons maintenant de la charge émotionnelle », nouvelobs.com, 8 nov. 2017.

de la femme occidentale moderne », écrivait en 2005 la sociologue américaine Rebecca Erickson[1]. Tout cela se loge dans des petits endroits qu'on oublie souvent de regarder. Exemple : dans tous mes couples, j'ai été celle qui donnait des idées de cadeaux à mes mecs pour leurs propres proches. Comme si j'avais développé un muscle spécial : celui du cadeau d'anniversaire parfaitement trouvé.

Et à la fin de l'article, Alice de lister une vingtaine d'exemples de charge émotionnelle. Allez voir, c'était assez hallucinant cette liste si familière. Je me suis, pour ma part, aussi bien retrouvée dans « *S'inquiéter du bon niveau de communication dans son couple* » que dans « Prendre en charge de façon générale des personnes vulnérables de son entourage (75 % des aidants familiaux sont des femmes lorsqu'il y a une perte d'autonomie importante, et deux tiers de façon générale) » ou encore « Parler aux enfants quand ils vont mal ou qu'on les sent mal, pour détecter d'éventuels problèmes », en passant par le classico : « Pousser son partenaire à aller parler à un psy quand il se sent mal, car il n'ira pas de lui-même mais préférera s'enfoncer dans la mauvaise humeur. »

Voilà comment nous sommes éduquées, nous, les femmes (nous, le charme) : à prendre grand soin des autres. Et les hommes pendant ce temps ? Ils chantent avec Enrico Macias, chef de file de « ces hommes extraordinaires, ces mendiants de l'amour » qui disent : « On a besoin de tendresse chaque jour. » Mais encore ?

---

1 *Ibid.*

Il n'y a pas de honte à être un mendiant de l'amour
Moi je chante sous vos fenêtres chaque jour
Donnez, donnez, do-donnez
Donnez, donnez-moi
Donnez, donnez, do-donnez
Dieu vous le rendra
Donnez-moi de la tendresse, surtout pas d'argent
Gardez toutes vos richesses car maintenant
Le bonheur n'est plus à vendre, le soleil est roi
Asseyez-vous à ma table, écoutez-moi

C'est pas ouf, cette chanson ? Genre, le gars exige à la fois qu'on arrête tout ce qu'on est en train de faire et qu'on s'assoie pour l'écouter religieusement mais en plus il veut qu'on lui donne de l'amour. Inspirons-nous toutes d'Enrico Macias. Le mec tient quelque chose. *It's a mood.*

Du pouvoir que nous trouvons dans nos soumissions

Il ne faudrait pas se contenter de crier au complot du patriarcat (et d'Enrico Macias). À son niveau individuel, chacune de nous peut s'interroger : quel est mon intérêt à tous ces dons ?

Et dans mon cas… quel fut mon intérêt à toutes ces organisations d'anniversaires surprises, à toutes ces petites attentions pour mes proches et tous ces gens que je ne connaissais pas ? Quel fut mon intérêt à déployer tant d'énergie au service d'autrui ? Le moi de vingt et un ans répondrait des trucs très osés du style : « Aimer, c'est ce qu'il y a de plus beau. Donner, c'est vraiment très beau. » Le moi de trente-huit ans ne se bullshite plus et sait qu'on ne donne que rarement gratuitement. Il existe toujours une rémunération pour les personnes généreuses (*Plaisir d'offrir, joie de recevoir*). Je me souviens qu'en école primaire je ramenais mes jouets dans la cour d'école pour les offrir à mes camarades. Je savais qu'ainsi je gagnerais leur intérêt, leur regard et peut-être même (espoir fou) leur amitié. C'est un peu triste, hein ? Ouais, bah, c'était ce que je faisais. Absolument dubitative sur mes qualités intrinsèques d'individu, je m'assurais de l'amour des autres en leur faisant plaisir, trouvais une forme d'assurance à servir matériellement à quelque chose, à être illuminée par les étoiles nées des yeux ravis que je venais de gâter. Adulte, cela n'a pas cessé. Dans tout ce soin aux autres que j'ai déployé, le regard que les autres posaient sur moi était primordial.

Voilà mes réponses individuelles. Mais collectivement, qu'avons-nous à gagner à nos soumissions, et en particulier à celle du don total de soi ? C'est la question audacieuse que pose la philosophe Manon Garcia dans son essai *On ne naît pas soumise, on le devient*. En convoquant Simone de Beauvoir, elle rappelle que « dans *Le Deuxième Sexe*, la philosophe consacre de nombreuses pages à la façon dont l'amour prend chez les femmes la figure de l'abdication, c'est-à-dire d'un renoncement à soi pour l'autre[1] ». Il est ici question d'amour « romantique », mais le raisonnement est tout à fait pertinent dans le cadre d'une réflexion plus large sur la charge affective.

———————

1 Manon Garcia, *On ne naît pas soumise, on le devient*, 2018, Flammarion, p. 196.

Et Manon Garcia, toujours sous l'égide de Simone de Beauvoir, de souligner combien le don de soi est ambivalent. « Quand l'homme ne semble pas suffisamment reconnaissant du sacrifice qu'elle estime avoir fait pour lui, "sa générosité se convertit aussitôt en exigence". C'est là, l'impasse inévitable de la soumission amoureuse : "Elle met sa joie à le servir : mais il faut qu'il reconnaisse ce service avec gratitude ; le don devient exigence selon l'ordinaire dialectique du dévouement." En se faisant esclave, la femme prend une forme de pouvoir sur l'homme, elle estime que son sacrifice donne à l'homme des devoirs. Par amour, elle se fait esclave et l'enchaîne[1]. » Donner, c'est un pouvoir et une liberté aussi. « La soumission apparaît donc dans toute son ambiguïté : elle est la seule stratégie apparemment disponible à la femme pour devenir souveraine et pour acquérir une forme de maîtrise de soi et du monde qui a à avoir avec l'autonomie[2]. » Est-il donc étonnant que nous soyons si nombreuses à nous complaire dans la générosité ?

Le grand don maternel

« Bon mais ton chiard, dans tout ça ? », me direz-vous à juste titre. Car oui, c'est un livre sur la maternité que vous lisez. Si je vous raconte tout ça, c'est précisément que, après la naissance de mon fils, il s'est passé un truc. Plus rien de semblable (anniversaire surprise et tutti quanti) n'est arrivé. J'ai organisé des petits trucs pour

---

1 *Ibid*, page 199.
2 *Ibid*, page 206.

des ami·e·s ou des amoureux mais plus rien de la même envergure. Plus rien qui ne sollicite autant ma créativité ou mon énergie. Je n'ai plus jamais passé autant de temps en cuisine pour conjuguer un fraisier avec une tarte au citron, des macarons avec des pannacottas et des mini mousses au chocolat, au nom d'une surprise pour une personne proche.

Comment faire plus ? L'arrivée d'Ulysse a dévoré mes journées. Je suis passée de mes générosités amoureuses et amicales à la dévotion la plus connue du monde. Celle d'une mère. Ce fut même, je peux le dire, l'une des grandes surprises de ma maternité. Un de ces trucs que personne ne m'avait dit aussi explicitement. Un enfant, quand il arrive, crée un choc de liberté. Dans un bus qui nous ramenait du festival de journalisme de Couthures à notre hôtel, je me suis retrouvée assise à côté de Gaël Faye (le chanteur et poète). Nous avons parlé de nos parentalités respectives et il a eu cette expression que j'ai trouvée très jolie au sujet des années où ses filles étaient petites : « les années pleines ». Dans le contexte, ça donnait : « J'appelle ça "les années pleines". Le week-end, tu dormais le matin, parfois tu pouvais même t'ennuyer et d'un coup, plus rien de tout ça n'est possible. Tout est plein. Ta vie est pleine de l'enfant. Ton rapport au temps change. Les journées que tu pouvais distendre, se rationalisent subitement avec l'arrivée d'un enfant. »

Il a raison. Enfin, « raison », ce fut mon ressenti aussi, en tout cas. D'un coup, la vie transformée en machine à laver ininterrompue de bodys, en montagne de couches à changer, en allaitement qui immobilise la mère, comme pétrifiée en statue grecque qui donne le sein. Les biberons à préparer, les berceuses à chanter en boucle. Et puis le bain. Un temps où, bien sûr, il est impossible de s'absenter et ce, même quand l'enfant grandit, si l'on n'est pas favorable à ce qu'il se noie. Et en général, *bizarrement,* vu que cette personne est notre trésor, mais aussi la prunelle de nos yeux, cette option (du lâcher-prise sur la noyade) n'est pas tellement envisagée.

Quand les enfants grandissent, après les années nourrisson viennent celles où l'appartement est le lieu de toutes les explorations pour la descendance qui se prend désormais pour « Indiana Jones enfermé dans un soixante-cinq mètres carrés mais bien déterminé à vivre dangereusement ». Côté parents, l'enjeu est de ne pas quitter Indiana Jones des yeux. Ni lui, ni la mystérieuse porte du four qui brûle, ou encore les très intéressants bras de casseroles d'eau bouillante maudite sur le feu. C'est une vigilance permanente que de devoir surveiller Indiana Jones en exploration dans son T3. Ajoutons peut-être que l'appartement de l'aventurier à quatre pattes est, par ailleurs, le cauchemar de toute personne appréciant l'ordre et la propreté. La vie devient pleine de hasards étonnants pour les pieds nus des jeunes parents. Quand on est chanceux, on marche sur une vieille pâte molle, quand la fortune nous fait défaut, c'est un petit morceau de lego bien pointu qui s'offre à notre chair plantaire.

Il y a ça et puis les choses qu'on répète dix fois par jour, tous les jours (« tire la chasse, mon chat », « lave-toi les mains », « il est temps de prendre sa douche, mon chéri »). Même les rituels agréables puisent dans nos réserves d'énergie. Les histoires à lire alors qu'on est exténuée. Les questions folles de poésie (« Maman, tu crois que les moineaux ils parlent la langue des mésanges ? ») mais qui demandent de réfléchir fissa ou de se renseigner rapidement, et aussi de rassembler des mots simples et intelligents à la fois.

La géniale sage-femme Anna Roy dit qu'un enfant qui apparaît, ce n'est rien de moins que huit heures supplémentaires de labeur dans la journée d'une femme. « Trois heures de temps domestique… trois heures de temps parental… deux heures de temps à penser…[1] » C'est dur d'imaginer cette invasion, ce temps subitement plein, quand on n'a pas d'enfant. Mais très concrètement, tout cela se traduit en chiffres.

Dans *Le Ménage : la fée, la sorcière et l'homme nouveau*, la sociologue Christine Castelain-Meunier donne des chiffres sur ce que deviennent les loisirs des parents après une naissance : 28 % des hommes et 38 % des femmes renoncent à sortir (ciné, spectacle, match, expo) ; 24 % des hommes et 54 % des femmes abandonnent leur activité sportive ; 18 % des hommes et 38 % des femmes délaissent leur pratique artistique[2]. Oh ! tiens, les femmes ont l'air plus perdantes que les hommes. Ça alors ! c'est bien étonnant. Et pas du tout en corrélation avec ces chiffres de la Drees qui nous apprennent que les mères s'occupent en moyenne beaucoup plus de leurs

---

1 Anna Roy et Mademoiselle Caroline, *Année zéro*, 2022, Delcourt.
2 Christine Castelain-Meunier, *Le Ménage : la fée, la sorcière et l'homme nouveau*, 2013, Stock.

enfants (2,1 fois plus de temps) que les pères. Voici la citation exacte :

> *Alors que les femmes consacrent 1,8 fois plus de temps que les hommes aux tâches domestiques, elles passent 2,1 fois plus de temps qu'eux à s'occuper des enfants. Elles accordent ainsi en moyenne 1 h 33 chaque jour aux activités parentales, alors que les pères n'y consacrent que 44 minutes. [...] La différence entre mères et pères n'est pas seulement une différence de durée. Les activités réalisées ne sont pas exactement les mêmes : les temps parentaux liés aux soins et aux déplacements sont plutôt féminins alors que les hommes s'investissent plus dans les sphères de sociabilité et de loisirs. Autrement dit, à l'instar des tâches domestiques, les hommes, quand ils en réalisent, effectuent relativement plus d'activités parentales valorisées[1].*

Je me souviens qu'avant d'accoucher, voyant ma meilleure amie débordée, j'avais imaginé que pour moi, ça se passerait certainement mieux. Je misais sur ma grande énergie (je suis un peu hyperactive) et mon enthousiasme, je crois. Grand mal m'en a pris. Et quelle belle leçon d'humilité que la suite ! Une dépression post-partum, une séparation, le petit chaos.

Le pire, c'est que j'ai eu la « chance » d'avoir à mes côtés un coparent investi à même hauteur que moi. Je dis « la chance », et j'y mets des guillemets car j'aimerais employer d'autres mots. Ce ne devrait pas être une « chance », ce devrait être la normalité, quand on conçoit un enfant à deux, d'être également impliqués dans l'éducation et la prise en charge de son enfant. Mais dans le contexte

---

1 https://drees.solidarites-sante.gouv.fr/sites/default/files/2020-08/er841.pdf

actuel, comparé à toutes les femmes qui font mille fois plus que leurs mecs, j'ai conscience d'avoir été comme… privilégiée. Est-ce que ça m'a épargné de douiller ? Non. Pourquoi ? Parce que je me suis quand même retrouvée très seule. C'est-à-dire que, même avec un père qui prend sa part sans faire chier, le reste du monde se charge, par nos organisations collectives à l'accueil d'un nouveau-né, de créer des déséquilibres dans le soin de l'enfant. Cela commence à la maternité, quand on se retrouve toute seule à gérer son bébé alors qu'on vient d'accoucher (parce que « le papa doit se reposer ») et puis ça continue pendant le congé maternité post-accouchement trois fois plus long que celui des pères (vingt-huit jours aujourd'hui). Dans mon cas, les choses ont dérapé au moment où le père d'Ulysse est retourné au travail, justement.

Jusqu'alors nous avions été dans une bulle d'amour à trois. Mon corps était douloureux, on ne dormait pas beaucoup, mais on était ensemble. Tous les trois. Et on s'en sortait bien ! Ça a duré un mois. Il avait posé deux semaines de vacances accolées au misérable congé paternité (c'était quinze jours à l'époque). Et donc, quand ce temps fut terminé, il est retourné au travail. Là, j'ai plongé dans des journées à essayer de gérer. Des journées à bercer un bébé qui pleurait sans arrêt et dont je suis sûre aujourd'hui qu'il avait un RGO (reflux gastro-œsophagien) non diagnostiqué, des journées avec des douches prises à 16 heures (quand elles avaient lieu), des journées avec un bébé collé à mes seins quand il n'était pas emmitouflé contre moi dans une écharpe. Et moi ? Pas une journée sans pleurer moi-même. La plupart du temps sans manger un vrai repas. Je me souviens que je me nourrissais de tartines de Nutella. Parce que ça ne demande qu'une main, l'autre étant occupée à gérer le bébé. Je me suis vue devenir cette femme capable de tout faire d'une main. J'étais presque fière de moi d'ailleurs. En mode *Incroyable Talent* : « Incroyable ! Cette femme sait désormais tout faire d'une main. » Je me souviens aussi que, malgré mon « incroyable talent », on ne s'est jamais extasié devant mes nouvelles compétences. Alors qu'il est régulièrement arrivé qu'on dise du père de mon fils combien il était vraiment génial, lui.

Bref, voilà comment je suis passée d'une vie de soin des autres à une vie au soin de mon fils. D'une soumission semi-volontaire à une autre.

Mais tout cela a fini par craquer. C'était trop. J'ai vite suffoqué dans ce don de moi-même. Moi qui pensais m'épanouir pleinement dans ce rôle, être une mère qui donne le sein, fait des gâteaux tout le temps à son enfant tout en maintenant ses kifs professionnels, je me suis retrouvée submergée. Pas tant par le travail (chaque parent sait que le travail peut devenir des vacances quand on s'occupe d'un enfant en bas âge) que par cette multiplication des soins, cette dévotion dans laquelle je ne me retrouvais pas. J'avais atteint ma limite. C'était comme si j'avais disparu. Comme si je n'existais plus. Comme si une sorte de fantôme de moi-même répétait méticuleusement les mêmes gestes chaque jour (plonger mon sein dans la bouche vorace de mon fils, changer ses couches, lui donner le bain, le bercer. Tout recommencer.

Tout le temps). Les mères sont-elles des nuages de fumée au service de leurs enfants ?

Je ne sais pas mais dans *La Mère suffisamment bonne*, le psychiatre et psychanalyste spécialiste de l'enfance Donald Winnicott parlait de la « préoccupation maternelle primaire » comme si elle avait tout d'une psychose en réalité. « Cet état organisé pourrait être comparé à un état de repli, ou à un état de dissociation, ou à une fugue, ou même encore à un trouble plus profond, tel qu'un épisode schizoïde au cours duquel un des aspects de la personnalité prend temporairement le dessus[1]. »

Comme on l'a vu, cet état n'est pas du tout le fruit d'un hasard ou de la biologie : il est collectivement, socialement organisé. Nous faisons collectivement des mères des nuages de fumée.

Et parfois, donc, comme ce fut mon cas et probablement parce que j'avais la chance d'en avoir les moyens, le nuage de fumée se réveille. Ambiance ? Vampire qui se soulève d'un coup de son cercueil la nuit. C'est ce que mon amie Nolwenn Le Blevennec a appelé si justement dans un article : « le grand réveil »[2]. Soit le temps de la récupération. Ou tout du moins de la tentative de récupération. « La période de symbiose arrive à sa fin, ça s'ouvre vers l'extérieur. C'est un mouvement salutaire et nécessaire, même s'il peut être vécu comme culpabilisant », lui disait la psychanalyste spécialiste de la parentalité Leticia

---

1 Donald W. Winnicott, *La Mère suffisamment bonne*, Petite Bibliothèque Payot, 2008.
2 « Post-maternité : après l'oubli de soi, le réveil (parfois violent) », nouvelobs.com, 10 fév. 2017, mis à jour le 13 fév. 2017 (https://www.nouvelobs.com/rue89/sur-le-radar/20170210.OBS5150/post-maternite-apres-l-oubli-de-soi-le-reveil-parfois-violent.html).

Solis-Ponton. Dans l'article, il est notamment question de femmes qui prennent un amant. Comme le beau *Feu* de Maria Pourchet, où elle écrit merveilleusement bien à quoi servent les amants dans la parentalité : « Et puis tu dois mettre une machine, faire une compote de ces fruits que personne ne mange. Tu écriras un jour à Clément qu'avant lui tes jours étaient une usine[1]. » D'autres, plus raisonnables, s'autorisent enfin un rendez-vous chez l'ostéo. Moi, pour la première fois depuis longtemps dans ma vie, je me suis mise à faire des choses pour moi, rien que pour moi. J'ai alors découvert les joies sombres et lumineuses de l'égoïsme.

Il y a d'abord eu, donc, des amants. Enfermée dans la chambre d'autres, je me disais que ces moments n'appartenaient qu'à moi. Qu'ici je n'étais plus femme ni mère. J'étais « amante ». Et puis la fête. Je me suis passionnée pour la scène électro. En dansant des nuits entières dans des sortes de moments de transe, je savais que ce qu'il se passait là n'était aussi qu'à moi. Tout cela était grisant mais pas très réparateur. Beaucoup d'excitations, comme dans une tornade, c'est bien, mais ça n'offre pas d'être alignée.

Le vrai salut à mon sens est venu du travail psychanalytique que j'ai commencé quand Ulysse a eu un an. D'abord assise, puis couchée sur un divan, j'ai appris à prendre soin de moi. À penser à ma santé mentale, à mon bien-être psychique, à ne plus craindre le silence ou la solitude. À ne plus chercher à me perdre dans l'ivresse des regards

---

1 Maria Pourchet, *Feu*, 2021, Fayard.

extérieurs. À comprendre pourquoi j'avais tant cherché ces regards. Ce travail n'est pas terminé. Je continue d'apprendre aujourd'hui à essayer de m'écouter. Cela veut notamment dire apprendre à dire non à des sollicitations amicales ou des collaborations professionnelles, si je n'en ai pas envie. À moi aussi : « Non, tu ne vas pas faire des courses, porter des sacs comme un petit âne gris, alors que tu marches déjà depuis trois heures et que tu es épuisée. » Parfois, bien sûr, j'échoue. À l'heure où j'écris ces mots, par exemple, je suis enceinte de mon deuxième enfant, à huit mois et demi de grossesse. Mon bébé tire sur mon ventre et partout dans mes entrailles. J'ai mal au diaphragme (je ne pensais même pas que c'était possible, ça, comme douleur). Est-ce vraiment prendre soin de moi que d'écrire le texte que vous lisez ? Oui et non. Oui, parce que j'ai du plaisir à écrire. Non, parce que je pourrais plutôt prendre un bain pour essayer de soulager la douleur qui occupe actuellement mon omoplate droite.

Mais le fait est que j'ai déjà conscience qu'il y a un sujet, là. Et que c'est salvateur, en plus d'être la promesse d'une vraie liberté. Celle de savoir m'écouter désormais. Comme j'ai su écouter avant moi ma famille, mes ami·e·s, mon fils, les inconnu·e·s en détresse. Je ne crois pas valoir plus que toutes ces personnes. Mais ma parole compte aussi. Mon bien-être compte aussi. Tout du moins un peu ? (L'idée n'est pas de devenir autocentrée non plus.)

Voilà comment, en avril 2018, j'ai organisé un anniversaire surprise d'un genre nouveau dans ma carrière de serial organisatrice. Ulysse avait trois ans, j'avais deux ans

de psychanalyse derrière moi, déjà pris le temps de réfléchir à tout ça et je me suis dit que j'avais envie de me
servir moi-même. Alors, j'ai envoyé cette invitation à une
cinquantaine de proches :

En janvier dernier, j'ai aussi fait un truc complètement
fou pour moi. Je me suis fait un cadeau et je suis partie
une semaine seule à Florence. Cette idée m'aurait ter-
rorisée il y a cinq ans mais voilà, là, je me suis dit que
j'allais faire quelque chose de doux rien que pour moi.
Pendant cinq jours, j'ai mangé des pâtes, arpenté des
musées, bu des spritz en lisant des romans, marché sans
savoir où j'allais et sans que personne d'autre que moi
n'ait d'incidence sur ce choix. Je me suis rarement sentie
aussi libre et bien dans ma peau que ces jours-là.

Voici donc le merveilleux cadeau que j'ai découvert dans le petit chaos de la maternité. Et a fortiori en étant séparée (et donc mère une semaine sur deux). Voici le merveilleux cadeau féministe que m'a fait mon fils malgré lui : apprendre à prendre soin de moi, comme je prenais soin de lui et des autres. Bonus inattendu : en fait, on a une bien meilleure attention aux autres quand on est rassemblé·e. Car, comme me le faisait remarquer Béatrice Kammerer, une journaliste que j'aime beaucoup, au sujet des dérives de l'éducation bienveillante : la bienveillance, ça commence avec soi-même. « Comment peut-on imaginer qu'on va prendre soin des enfants, sans prendre soin des personnes qui doivent prendre soin des enfants ? C'est valable pour les enseignants aussi. On en revient toujours à la comparaison avec l'avion et les masques à oxygène. Si jamais il y a une dépressurisation, il faut d'abord se protéger soi pour pouvoir protéger les enfants. Sinon tu perds le contrôle. C'est-à-dire qu'on passe à côté de l'idée fondamentale que la "bienveillance", c'est une chaîne. » J'ai conscience que tout ce que je raconte là est un luxe et une chance que toutes les femmes ne peuvent pas se permettre. Quand on galère chaque mois pour payer ses factures et nourrir ses gamins, quand on passe sa vie à cumuler des heures de travail qui abîment le corps et la tête pour gagner mal sa vie, le « soin de soi » sonne de fait comme une absurdité bourgeoise.

Mais je rêve, je l'avoue, que toutes les femmes puissent s'autoriser ce répit, même temporaire, de ne penser qu'à elles. Pas forcément pour partir loin. Peut-être même juste pour s'asseoir sur un banc, en terrasse de café, dans un canapé et ne rien faire. Dans le silence et dans l'apaisement. Le soin de soi, d'ailleurs, comme le faisait remarquer mon amie et militante féministe Fiona Schmidt[1], « c'est un concept qui n'existe pas au masculin » quand on y réfléchit. « Le temps pour soi au masculin, c'est juste… "le temps". C'est-à-dire que le mec, même quand il est père, du temps, il en trouve ! Parce qu'en fait, le temps lui appartient. Alors qu'une mère doit justifier le temps qu'elle prend pour elle. Et il n'est jamais tout à fait légitime. »

Voilà, comment je me prends à rêvasser : que se passerait-il si toutes les mères pouvaient faire autant attention à elles qu'elles soignent les autres ? Ce serait une révolution du temps, tout simplement. Une révolution de la répartition des tâches ménagères, une révolution du salariat (aussi bien des salaires que du management) et une révolution de nos loisirs, de nos plaisirs. Et puis, on sortirait de la fumée.

____

1 Invitée dans le podcast de Tiffany Cooper « *Va vers ton risque* », 3ᵉ épisode : « Fiona Schmidt : le désir de non-maternité ».

Un enfant,
quand il arrive,
crée un choc
de liberté.

Je ne voulais pas
être défaillante,
être rangée dans la
catégorie de celles
qui échouent,
qui ne
donnent
pas tout.

Fatiguée... libérée... engagée !

CAMILLE ABBEY

On peut s'imposer un sacrifice ou il peut être subi. Dans l'essai *La Femme et le Sacrifice*, la philosophe Anne Dufourmantelle montre que les figures de femmes sacrificielles ont émaillé l'histoire, grandes saintes ou femmes d'à côté. Elle fait le récit et l'analyse du don total et irraisonné de soi, parfois inconscient, et de la difficulté pour les femmes de s'y soustraire... La maternité a été et reste par certains aspects l'espace de prédilection du sacrifice. Qu'est-ce qu'une bonne mère, sinon celle qui donne tout et plus encore sans compter et sans se plaindre, quitte à s'oublier totalement ? Camille Abbey n'avait pas conscience d'avoir intégré depuis toute jeune ce modèle millénaire. À bout de fatigue, elle a voulu par un récit intime interroger les diverses origines d'une abnégation qui peut se révéler dangereuse.

C'est quand je me suis retrouvée plongée dans un épais brouillard, après plusieurs mois à me relever toutes les nuits pour m'occuper de mes enfants, que j'ai compris ce qu'avait vécu ma mère et ce que connaissent encore une majorité des mères dans le silence : une fatigue abyssale dont elles ne peuvent pas encore témoigner, une fatigue qu'on voudrait voir cantonnée à la maison, fermée à double tour dans les foyers, alors qu'elle se répercute dans toutes les strates de la vie. Il m'a fallu avoir des enfants pour sortir du brouillard de l'innocence et entrer dans celui des mères exténuées.

Quand j'étais petite, on disait que j'étais toujours dans les jupes de ma mère. Et c'était vrai, j'étais souvent pendue à une de ses jambes. Pas facile pour elle d'avancer. Je voulais constamment qu'elle soit dans mon champ de vision, ça me rassurait. Même si mes parents ne m'ont jamais intimé aucune attitude à avoir par les mots, je baignais dans les représentations genrées. J'étais ce qu'on attendait d'une petite fille, timide, douce, et plutôt empathique – « arrêtez de marcher, vous tuez des fourmis ! »

Avec ma mère, nous étions assez fusionnelles. D'autant plus que je n'aimais pas trop frayer avec les autres enfants, à l'exception de mon frère, et ne voulais être qu'avec les adultes. Il faut dire, elle donnait tout pour nous : son temps, son énergie, et tout son amour. Difficile pour les autres de rivaliser. Elle avait aussi un travail et une maison à gérer – car bien sûr elle s'occupait de l'aspect domestique. Et ça n'avait pas l'air d'être le fruit de gros efforts, un petit coup de mou de temps à autre, mais rien de plus. Après tout, c'était son rôle, me disais-je. Et puis mon père travaillait beaucoup.

Tous les soirs, ma mère préparait le dîner. Entrée, plat, fromage, dessert. Elle ne se ménageait pas. Avec mon frère et mon père, on se mettait les pieds sous la table et, une fois rassasiés, on déguerpissait. Nous allions regarder la télé dans le salon, bien enfoncés dans le gros canapé en cuir vert bouteille, pendant que ma mère faisait la vaisselle dans la cuisine. Et parfois, quand les plats s'entrechoquaient avec fracas et quand l'eau qui coulait dans l'évier faisait trop de bruit, je lui hurlais sans aucun ménagement de faire moins de boucan, on n'entendait plus la télé… Elle essayait de se faire plus discrète encore.

Ma mère avait un côté sacrificiel, qui ne m'est apparu avec clarté qu'assez récemment, quand j'ai moi-même compris la difficulté de s'occuper d'enfants. Un jour cependant, alors que j'étais en retard à un rendez-vous fixé, elle m'avait tout de même dit, agacée : « Je passe ma vie à t'attendre. » Ce qui n'était pas loin de la vérité mais qui m'avait surprise à l'époque tant cette parole détonnait avec sa bonne grâce habituelle.

De la recherche de prince charmant à Simone de bavoir

À l'adolescence, toujours timide, mais enfin sortie des jupes de ma mère, je cherchais le grand amour, celui avec un grand A, qu'on m'avait vendu dans les contes, le prince charmant, qui m'aurait permis d'être enfin complète, grâce à qui j'aurais trouvé l'ultime satisfaction, en m'occupant de lui, en le soignant, en le comblant, et en guérissant ses possibles plaies.

Mode « petite amie sacrificielle » activé, ou plutôt chien saint-bernard en attente de son accidenté à sauver. Je jetais mon dévolu sur un garçon plus âgé, très charismatique, et assez cabossé, qui m'en a sacrément fait baver. Je lisais alors *Les Souffrances du jeune Werther*, de Goethe, l'histoire d'un ado qui vit un amour impossible et passe son temps à se lamenter. J'y trouvais mon double, et tentais de sublimer ma pauvre relation avec un mec vaguement intéressé par mon dévouement de chien de montagne, mais pas non plus totalement subjugué.

Par la suite, j'ai toujours trouvé beaucoup de consolation, concernant notamment mes déboires amoureux, dans les livres. Et c'est ainsi que je suis arrivée à Simone de Beauvoir. Quand il fallut faire un mémoire de master de lettres, j'ai assez facilement choisi le roman autofictionnel *L'Invitée*, dans lequel elle raconte une tentative de trio amoureux, qui finira par échouer. Une femme mise de côté et blessée : *yes*, ça m'intéresse !

Grâce à mes lectures féministes et à des discussions endiablées en terrasse de café, je suis allée de prise de conscience en prise de conscience, j'ai déconstruit pas mal de biais sexistes, une épiphanie après l'autre. Mais rien, jamais rien sur la maternité dans les livres que je lisais, pas une ligne. Que dalle, nada. Ou alors Simone de Beauvoir, qui pensait que pour se libérer de la domination masculine, il ne fallait tout simplement pas enfanter. Et pour celles qui en avaient envie, eh bien, qu'elles restent tapies dans cet angle mort du féminisme.

Dans ma vingtaine, je ne voulais pas d'enfants. Principalement parce que ça ne m'intéressait pas. Je n'étais pas vraiment habituée à en fréquenter et quand j'en croisais, ils me faisaient un peu peur. Comment se comporter avec ces petits humains imprévisibles, qui disent de façon aléatoire « t'es belle », « je t'aime » et « caca boudin » ? De toute façon, question compagnie, j'avais déjà un chat. J'en avais tout de même gardé quelques-uns le soir pour gagner de l'argent, mais ils faisaient tout ce qu'ils voulaient de moi car je ne savais pas dire non et me retrouvais parfois dans des situations improbables, comme être le chien dans un jeu de rôles, à quatre pattes, laisse au cou, car ils avaient décidé que ce serait marrant. C'est en approchant de la trentaine, et en rencontrant un mec, papillons bien logés dans le ventre, que j'ai eu envie d'avoir des enfants. Ce désir nouveau qui d'abord me titilla devint une véritable obsession. Je ne pensais plus qu'à ça.

C'est à ce moment-là que le hashtag #MonPostPartum[1] avait été lancé sur les réseaux sociaux, montrant les difficultés encore taboues des débuts de la maternité. Je travaillais alors pour le média Konbini, et vis une vidéo où Masha expliquait les séquelles physiques de l'accouchement, comme la possibilité d'avoir une vulve œdématiée (sans rentrer dans les détails, c'est un gonflement dû à une inflammation causée par l'accouchement). Ouch ! Je n'avais eu vent de rien de tout ça auparavant. J'avais aussi lu le livre de Titiou Lecoq, *Libérées !*[2], dans lequel

---

1 Appel à témoignages lancé sur les réseaux par Illana Weizman, Ayla Saura, Morgane Koresh et Mathilde Sacré.
2 Titiou Lecoq, *Libérées ! : le combat féministe se gagne devant le panier de linge sale*, 2017, Fayard.

elle montre qu'un couple hétéro à peu près équilibré niveau tâches domestiques et tutti quanti basculait dans le *dark side* après l'arrivée d'un enfant. C'étaient alors les femmes qui majoritairement se mettaient à devoir gérer la maisonnée.

Les conséquences de la grossesse et de l'accouchement avaient l'air *hardcore*, certes, mais peu importe, je voulais clairement avoir des enfants, et vite. Ça ne m'a pas refroidie. J'avais trop d'amour à donner et je n'allais pas pouvoir garder longtemps cet excédent. Crânement, je pensais que non seulement je m'en sortirais mieux que les autres, mais aussi que je pourrais tout endurer, sans chanceler. Ce n'étaient pas quelques points de suture qui allaient m'effrayer. Les informations glanées çà et là sur le cataclysme que ça allait être m'ont tout de même été très utiles quand je me suis retrouvée dedans. Tout un tas de connaissances précieuses se sont alors rappelées à mon bon souvenir. « Toc, toc, c'est la chute d'hormones et les lochies ! — Ah ! oui, je connais, c'est normal. » Avant cela, je dus batailler ferme avec mon mec – il ne voulait pas d'enfant, le bougre –, pour qu'on finisse par se lancer, et je dus batailler fort avec mon corps pour que ça finisse par fonctionner. Après de nombreux mois d'essais infructueux, on m'a diagnostiqué un syndrome des ovaires polykystiques, et je dus me faire pas mal de petites piqûres dans le ventre, pour qu'un jour, ô miracle, toutes les longues soirées confinées à se conter fleurette (je ne vous fais pas de dessin !) portent leurs fruits et que le test soit positif. Et comme un bonheur n'arrive jamais seul, j'attendais des jumeaux !

Joie et fatigue : tout va de pair
et par paire

Mes enfants sont nés en avance, deux mois avant le terme prévu, et les débuts ont été particulièrement ardus. Ils ont passé un mois à l'hôpital et je me faisais un sang d'encre pour eux, rongée par la crainte qu'ils souffrent ou qu'ils développent quelque maladie. Chaque prise de gramme était une victoire. Lors de ce premier mois, j'ai tout de même pu me reposer de l'accouchement et de complications assez difficiles, en faisant de bonnes nuits de sommeil chez moi, alors qu'eux dormaient, minuscules, dans leur couveuse. Je n'arrive même pas à imaginer comment font les mères qui doivent être directement opérationnelles et s'occuper de leur nouveau-né juste après l'accouchement, alors qu'elles sont épuisées par la grossesse et la mise au monde de leur bébé.

Ça avait été si dur de voir mes bébés grandir séparés de moi par une vitre, si fragiles et vulnérables, même pas vêtus mais branchés de partout, que je n'avais qu'une envie, pouvoir tout donner pour eux, une fois rentrés à la maison. Et l'image de ma mère n'était sans doute pas très loin. Mode « mère sacrificielle » en attente d'activation.

Après leur arrivée chez nous, les premiers temps, le rythme était intense mais j'étais sur un petit nuage, sentant la fatigue s'accumuler mais la supportant avec une fatalité résignée et même avec un orgueil non dissimulé. Ce n'était pas si dur, en fait. J'étais portée par le soulagement de les avoir avec nous, par l'excitation d'apprendre à les connaître, et sans doute quelques hormones bien utiles à la survie de l'espèce.

Mais au fur et à mesure que les mois passaient, je me vis entrer dans un brouillard, avec des nuits qui ressemblaient aux jours, tombant de Charybde en Scylla. Mon corps s'usait et mon moral, en dents de scie, transformait mon quotidien en des montagnes russes émotionnelles, où l'irritabilité devint une seconde peau. Pendant des mois, et même des années, je n'ai dormi qu'à peine quelques heures par nuit. Ma fille a fait ses nuits à six mois quand mon fils — ayant un sommeil très haché, comme beaucoup de bébés — ne les faisait toujours pas véritablement à près de deux ans.

Je me sentais coincée dans un nuage, mais pas le genre qui porte, qui élève et rend léger. Non, un nuage écrasant et étouffant, qui rend tout ce qu'il y a à faire dans le quotidien plus compliqué et plus lourd. Les sensations créées par la fatigue ne ressemblent pas à un simple engourdissement, à une petite pesanteur. Les yeux sont lourds, douloureux et les jambes ne portent plus.

Toute envie est étouffée et l'on commence à remettre à plus tard tout ce qui n'est pas indispensable dans l'instant. J'étais acculée à repousser sans cesse les obligations, mais aussi les temps de repos. Eh oui, quand il faut choisir entre se laver, manger ou dormir, la sieste passe clairement en dernier. Enfin, dans mon cas, même si ce n'était pas si judicieux.

J'avais anticipé tout un tas de difficultés mais pas vraiment celle-là. La fatigue intense et continuelle ; de celles qui mettent à terre, alors que l'on n'a d'autre choix que de rester debout, et de se lever sans cesse nuit et jour, que de porter, bercer et langer ; de celles qui abattent et broient, alors même que l'amour peut soutenir et porter.

J'aurais pu me douter que j'allais un peu en baver – je ne m'engageais pas non plus dans la maternité la fleur au fusil – mais je n'avais pas anticipé que cette fatigue durerait si longtemps, qu'elle serait si difficile à soutenir, et que rien n'était vraiment prévu pour la soulager.

Le meilleur cadeau que j'ai reçu pendant mon post-partum reste les quelques nuits que ma belle-mère et ma belle-sœur sont venues assurer dans les premiers mois (chacune accompagnée, ce n'est pas simple, les réveils simultanés de jumeaux !), alors que nous allions dormir à l'hôtel. Être plongée dans le sommeil plusieurs heures d'affilée sans interruption, rien ne me faisait plus envie, à la fois comme le délice du repos de la guerrière mais aussi comme le seul moyen de tenir sur la longueur. Comme d'autres parents, nous avons aussi fait appel quelques fois à des nounous de nuit, souvent des élèves sages-femmes qui viennent s'occuper du ou des bébés pendant que les parents profitent d'une nuit de sept heures. Ô délice ! Mes standards avaient clairement baissé en matière de temps de repos. Cela coûte entre 100 et 150 euros la nuit. Dormir devient alors un luxe.

À cette fatigue s'était ajoutée une bonne dose de culpabilité. On a souvent tendance à blâmer les parents quand les enfants dorment mal avec, par exemple, cette phrase que je déteste : « Les enfants font leurs nuits quand les parents veulent qu'ils les fassent. » Je crois qu'il n'y a rien de plus faux et c'est insupportable à entendre. Mon souhait le plus cher était bien qu'ils dorment. Les enfants ne sont, bien sûr, pas à blâmer non plus. J'en ai voulu à la terre entière mais jamais à eux, que j'ai continué de considérer chaque jour comme les deux huitièmes merveilles du monde, ex aequo.

Je savais bien que nous n'avions rien fait de totalement dommageable à la qualité de leur sommeil, car ma fille dormait comme un loir alors que son frère se réveillait sans cesse, et on les traitait pourtant exactement de la même manière. Tant de parents doutent d'eux-mêmes, sont culpabilisés, ont l'impression de faire une erreur terrible qui empêcherait le sommeil de leurs enfants et donc le leur.

Mais les chiffres sont là, à un an et même à deux[1], beaucoup d'enfants ont encore des réveils nocturnes réguliers. Au départ, les bébés ont du mal à s'endormir de façon autonome, puis il y a les dents, les maladies, les terreurs nocturnes… toutes ces joyeusetés qui font de nos nuits des cauchemars éveillés. Selon une vaste étude publiée dans le mensuel médical *Sleep*[2], les parents mettraient en moyenne six ans après la naissance d'un enfant pour retrouver un sommeil de qualité.

Fatigue et pleurs : le combo explosif

Avant d'avoir des enfants, j'avais entendu dans ma vingtaine une jeune mère dire : « Seules les mères connaissent la vraie fatigue. » Je m'étais dit qu'elle exagérait. Pour qui

---

1 Marie-Hélène Pennestri *et al.*, « Uninterrupted Infant Sleep, Development and Maternal Mood », *Pediatrics*, 2018, vol. 142, n° 6 (DOI : 10.1542/peds.2017-4330).
2 David Richter *et al*, « Long-term effects of pregnancy and childbirth on sleep satisfaction and duration of first-time and experienced mothers and fathers », *Sleep*, avril 2019, vol. 42, n° 4 (https://doi.org/10.1093/sleep/zsz015).

se prenait-elle ? Et qu'est-ce que c'était que cette réflexion sexiste et essentialisante ? (Bon, en fait, je n'employais pas encore ce genre de termes.)

Moi-même, je connaissais les grosses insomnies, le stress des débuts professionnels et les nuits blanches de fêtes… bien sûr que je connaissais la fatigue ! Mais tout cela n'avait rien à voir avec l'épuisement chronique, la fatigue inextinguible que j'ai pu connaître jeune mère.

Les mères n'ont pas le monopole de la fatigue, c'est évident, mais je comprends à présent ce qu'elle avait voulu dire, et que malheureusement l'on ne comprend que lorsque cela nous tombe sur le coin du museau. On ne dort plus et il faut pourtant continuer à assumer son quotidien – dont le soin du bébé, tache ô combien exigeante, fait partie –, et on le fait, avec les plus grandes peines du monde, mais on le fait, et souvent en se taisant.

Quand on est enceinte, tout le monde veut prévenir votre fatigue – on vous porte votre sac à main et on vous laisse vous asseoir partout. Au début du post-partum, on s'intéresse encore un peu à votre état de santé, puis plus les mois passent, plus ce n'est plus un sujet. Vous pouvez avoir une tête de déterrée, être au bord de l'évanouissement, être avachie sur votre poussette dans la rue, les yeux hagards et le regard vitreux, peu de gens vont se préoccuper de savoir comment vous allez vraiment. On ne vous laissera pas de place, vous ne couperez aucune file, et vous prendrez même des regards bien courroucés si, ô sacrilège, vous osez passer devant quelqu'un, alors même que vous avez un enfant dans les bras.

Comme la grande majorité des mères, à la fin du congé paternité, je me suis retrouvée seule avec mes enfants, mon mari reparti bosser. Alors il y avait les nuits sans sommeil, mais aussi les journées de pleurs.

Les pleurs de mes enfants m'ont toujours fait vriller le cœur. Quand on voit la prunelle de nos yeux souffrir, ça brise de l'intérieur… Et, bien sûr, j'avais lu des articles qui disaient que laisser pleurer un bébé lui abîme le cerveau, de façon irrémédiable. J'aurais bien eu besoin de nuances. Effectivement, il n'est pas du tout recommandé de laisser son bébé pleurer, ils ont besoin de réconfort immédiat et que l'on réponde à leurs demandes. Mais ce que j'avais moins compris, c'est que les bébés ont parfois des pleurs de décharge, surtout en fin d'après-midi, pendant lesquels ils se libèrent de leurs émotions. Tout va bien, mais ils ont besoin de lâcher du lest ! On peut alors les accompagner, mais il ne faut pas chercher à tout prix à les calmer.

Je me revois encore seule, à bout de force, avec mes deux gremlins de fin de journée, tout tenter pour que ça s'ar-rête : danse, chants, mimes, roulades. Je les berçais aussi à m'en flinguer les bras… et quand ça ne fonctionnait pas : souffrance et culpabilité venaient toquer à la porte. Alors que mon mari travaillait à l'époque assez tard le soir, je me revois l'appeler et lui demander en panique de rentrer illico presto car j'avais atteint mes limites de tolérance. S'il y avait eu le feu, j'aurais passé à peu près le même coup de fil.

Alors qu'auparavant je me couchais régulièrement à l'aube après un petit tour sur le dancefloor, je me suis couchée tous les soirs à maximum 21 heures, éreintée, la boule au ventre, sachant que mon répit allait être de quelques heures à peine, avant que des pleurs ne me sortent du lit. Pour torturer des prisonniers, que fait-on ? On les empêche de dormir avec du metal, supplément « hurlements ». Absolument pas comparable, certes, mais vous voyez l'idée…

Engluée dans cette fatigue, j'ai évité comme la peste les articles de presse dont je trouvais les titres angoissants sur les dégâts causés par le manque de sommeil car j'avais peur de lire ce que je constatais déjà avec bien trop de force : ça détruit le corps et l'esprit.

Je suis fatiguée, nous sommes fatiguées

De cette fatigue est née chez moi pas mal d'énervement puis de colère. La fatigue est une conséquence, certes logique, de la maternité, mais totalement évitable dans les proportions qu'elle peut prendre.

En quoi le féminisme devrait venir mettre son nez là-dedans ? Cet épuisement que connaissent beaucoup de mères est en fait le fruit d'une histoire patriarcale. L'on commence tout juste à détricoter les inégalités femmes/ hommes présentes dans la parentalité. Ce domaine n'a pas à y échapper, alors qu'il est une pierre d'achoppement du chemin vers l'égalité entre les genres. On parle depuis peu de la complexité de l'expérience maternelle, des difficultés du post-partum, du mythe de l'instinct maternel… mais la fatigue n'est que peu pointée du doigt comme élément central.

Je suis mère de jumeaux, certains penseront donc que ma fatigue n'est forcément pas la norme, que c'est bien compréhensible que je sois épuisée avec deux enfants en bas âge. Mais en parlant avec de nombreuses amies, en recueillant des témoignages de personnes très différentes, c'est en fait une constante chez la plupart des mères, quels que soient leur situation et le nombre de leurs enfants. L'une me disait avoir souhaité se casser une jambe pour avoir le luxe de dormir à l'hôpital, quand une autre me confiait ses idées suicidaires tant la fatigue l'avait plongée dans un trou noir. Une autre encore me disait être tombée en dépression post-partum, se levant seule toutes les nuits et assumant toute la charge mentale. Elle a fini par quitter son compagnon.

« Maman est en haut, qui fait du gâteau, papa est en bas qui fait du chocolat, fais dodo t'auras du lolo »

J'ai un coparent qui prend sa part des tâches parentales (ce n'est pas de « l'aide », doit-on le rappeler, c'est sa part !). Et la nuit, il la prend sacrément, sa part, en se levant plus que moi. Au bout d'un an, je n'y arrivais tout simplement plus… Même si la petite taille de notre appartement parisien et mon sommeil léger ne m'ont jamais ou presque permis d'ignorer les pleurs d'un de mes bébés, et de récupérer vraiment.

C'était tout de même une grande chance pour moi qu'il assume ces réveils nocturnes, qui peuvent durer longtemps – ce n'est pas le hasard non plus, je l'ai choisi au départ, le mec – mais comment font la majorité des mères ? Car qui se lève en général la nuit pour répondre aux besoins de bébés et enfants ? Roulement de tambour… je vous le donne en mille : les mères ! Les grandes gagnantes des réveils nocturnes. Huit femmes sur dix disent se lever plus fréquemment la nuit quand il faut répondre aux besoins de l'enfant[1]. Ça égratigne un peu NotAllMen[2]. Elles sont également 44 % à se lever seules, contre 14 % des pères. Vous en voulez encore, des statistiques qui font mal ? Elles se lèvent deux fois plus vite que les hommes en moyenne. Et le pompon, si je puis dire, dans tout ça ? 55 % des hommes avouent faire semblant de dormir lorsque leur bébé pleure la nuit.

Certains argueront que les mères allaitantes se lèvent plus la nuit, et que cela est dû à des contraintes physiologiques. Les réveils ne sont pas uniquement dus à la faim, loin de là. Et puis, toutes les femmes n'allaitent pas, et cela dure en général, en France, à peine quelques mois. Pour mon amie Manon, c'est aussi un beau prétexte, et le père peut tout à fait participer à l'allaitement. « Moi, quand j'allaitais, je ne me réveillais pas forcément. Mon mec sortait le môme, il me le collait au sein et il le remettait après dans son lit. Quitte à être un biberon vivant, il n'avait pas besoin de moi. »

---

1 « Qui se lève la nuit quand bébé pleure ? », enquête IFOP sur la charge mentale liée au sommeil des jeunes enfants, septembre 2022, réalisée sur les parents d'enfants de moins de 3 ans.
2 Cette expression a pour origine les réponses systématiques de certains hommes, face à des articles ou à des témoignages de femmes dénonçant du sexisme ou des violences sexuelles, indiquant qu'il ne fallait pas généraliser. « Oui, mais pas moi », « pas tous les hommes »… Ce hashtag a ensuite été repris par les féministes sur les réseaux sociaux, moquant quelque peu cette réaction qui consiste à ramener tout à soi alors qu'il s'agit d'un problème systémique.

Les mères, en plus de gérer les nuits, sont beaucoup plus impliquées que les pères la journée. Les statistiques sont aussi sans appel. En France, actuellement, ce sont les femmes qui assument 70 % des tâches domestiques et 65 % du travail familial, c'est-à-dire le soin et l'éducation des enfants[1]. Et encore, ça, c'est ce qui est quantifiable mais il y a aussi une « charge émotionnelle » non négligeable. Les femmes s'occupent du bien-être de leur entourage, font preuve d'empathie. Pour l'autrice Emma, qui a popularisé le concept en France, c'est « le souci principalement porté par les femmes de mettre leur environnement à l'aise aux dépens, souvent, de leur propre confort à elles[2] ». Organiser des sorties, s'enquérir des envies de chacun, soigner les bobos du cœur…

Dans mon cas, si notre parentalité était un gâteau, on pourrait le couper en deux, à parts égales, mais ce serait moi qui m'occuperais du glaçage et des décorations, tout ce qui ne semble pas totalement indispensable, mais qui fait du bien – et qui prend du temps. Je ne l'imagine pas une après-midi se dire : « Allez hop ! je me lance dans la confection d'albums photos des enfants pour les souvenirs »… Contrairement à moi, il n'a pas ce sentiment, que j'ai depuis que je suis mère, que mon temps libre doit être consacré à avancer dans l'immense masse de tâches à accomplir. Lessive, rangement, courses, etc., ça n'en finit jamais, c'est un éternel recommencement. Même si, finalement, je ne m'emploie pas forcément plus à ces

<hr>

1 Insee, « Le travail domestique : 60 milliards d'heures en 2010 », *INSEE Première*, n° 1423, 2012 (https://www.insee.fr/fr/statistiques/2123967).
2 Emma, *La Charge émotionnelle : et autres trucs invisibles*, 2018, Massot éditions.

tâches que lui, le moindre de mes loisirs devient objet de culpabilité. Lui peut passer une journée entière à jouer à la console, en paix avec lui-même, amen !

Cela peut être agréable d'huiler le quotidien à l'aide de petites attentions ou encore d'organiser des moments conviviaux et festifs. Moi-même, j'aime beaucoup réfléchir aux cadeaux que je vais faire, pour trouver celui qui fera le plus plaisir, décorer les sapins de Noël avec soin et me renseigner, en enchaînant les livres en bon petit rat de bibliothèque, sur la meilleure éducation à donner à mes enfants. Mais tout cela prend du temps, où je ne travaille pas, où je n'écris pas et où surtout je ne me repose pas… Même si, bien sûr, contrairement à de nombreuses femmes, j'ai déjà le privilège de me prendre le chou sur l'organisation des vacances.

Si on est mère solo, avec un enfant handicapé, peu de moyens, si l'on subit des discriminations… la fatigue s'invite, et c'est le fragile équilibre qui se brise, le quotidien qui devient un chemin de croix. Comme le dit la grande reporter Nathalie Bourrus, à propos de son rôle de mère solo : « Et ça, cette corrida de mère et d'enfant, personne au monde ne m'avait dit que ce serait si difficile. Beaucoup plus âpre et vertigineux, bien plus risqué que d'aller à la guerre[1]. »

Nuits et jours des mortes vivantes : une armée de zombies au boulot

Et puis venons-en au travail, car oui, il faut bien retourner bosser. Après la fin du congé classique, l'un de mes

---

1 Nathalie Bourrus, *Maman solo : les oubliées de la République*, 2020, Pygmalion, p. 14.

enfants dormait toujours de façon très hachée, et très peu. Comme une zombie, gonflée de caféine, j'allais donc au travail, à reculons, avec cette crainte plutôt fondée : comment allais-je réussir à me concentrer ? Je devais relire et corriger les articles de mes collègues, en écrire... alors que je peinais déjà à aligner trois mots à l'oral. Et en même temps, ça m'apparaissait tout de même être une activité assez reposante, vachement moins de responsabilité et d'exigence que le soin d'un bébé. Une faute dans un article, un texte écrit à la truelle : pas de drame à la clé – enfin, ça dépend pour qui. Car c'est ça aussi qui se joue dans la fatigue, une hypervigilance de tout instant. Une inattention, un geste maladroit, et le bébé encourt de sérieux dangers. Quelle pression éreintante...

Après la reprise, je passais donc mes journées au travail, épuisée, et les nuits, couchée... debout ! couchée... debout ! dans un rythme effréné. J'ai tenu quelque temps, la tête haute, les cernes bas, sans broncher. Mais je m'effondrais régulièrement, en silence.

Peu de temps après mon retour au turbin, un matin comme tant d'autres avec quelques heures à peine de sommeil au compteur, et un épuisement psychologique d'avoir tenté de calmer à plusieurs reprises durant la nuit des pleurs dont je ne connaissais pas la cause, je partais emmener les bébés à la crèche, avant d'aller travailler. Une dispute avec mon compagnon avait accentué un peu plus ma vulnérabilité. Je répétais avec lassitude que je n'en pouvais plus d'être fatiguée et il n'en pouvait plus que je me plaigne, que je n'aie plus que ce mot-là à la bouche : FA-TI-GUÉE.

Je pris un café à emporter dans une boulangerie, n'ayant même pas eu le temps d'en boire un, passai dans le même parc que tous les jours, mais ce matin-là je m'effondrai en pleurs sur un banc, à bout de force, me demandant comment j'allais réussir à assumer ma journée, et toutes celles d'après. Cette grosse crise de larmes n'arrangea clairement rien à ma fatigue, mais j'avais besoin d'expulser, de laisser déborder un peu tout cet épuisement (les pleurs de décharge d'adulte, ça existe ?). Je voulais pouvoir donner le change au travail mais mes yeux rougis et gonflés me trahissaient sans doute. Ce n'était qu'un épisode parmi d'autres. J'ai eu à de nombreuses reprises l'impression que j'allais m'écrouler et ne pas réussir à me relever.

Un an après la naissance de mes jumeaux alors qu'à cette époque je ne dormais toujours pas plus de quatre à cinq heures par nuit – de façon fractionnée, car autrement ce serait trop simple –, j'étais toujours là à l'heure, j'assumais mes responsabilités, quitte à utiliser des allumettes pour faire tenir mes yeux ouverts. Un beau jour, ma cheffe, qui n'avait pas d'enfant – cette précision apporte juste du contexte –, annula une réunion à cause d'une insomnie de quelques heures qu'elle avait eue… je restai alors sans voix. Je ne la blâme pas – enfin si peu –, mais je m'interroge tout même : pourquoi est-ce qu'elle osait parler de son manque de sommeil et que je me taisais ? Pourquoi, cette fatigue, je n'en parlais pas ? Je ne voulais pas qu'on me considère différemment des autres, je ne voulais pas être pénalisée, discriminée, parce que j'étais mère. J'imaginais bien le topo : « Camille ? Ouais, non, elle est trop crevée pour assumer plus de responsabilités, on va plutôt choisir Luc pour ce poste ! Lui, il a un gosse, certes, mais il fait semblant de dormir la nuit quand son bébé pleure, donc c'est bon. » Pourtant, cette fatigue n'a pas à être honteuse ou indigne. C'est compliqué d'en parler et de demander de petits aménagements professionnels car nous avons peur d'être discriminées. Le regard doit changer, la fatigue des mères doit être prise en compte. Les femmes dorment moins que les hommes, assument la charge mentale, émotionnelle, prennent 98 % des congés parentaux, adaptent leur emploi du temps dès l'arrivée du premier enfant en modifiant leurs horaires ou en se mettant à temps partiel, et tout cela pour finalement être moins payées que les hommes. N'y voyez-vous pas comme un lien de causes à effet ? Ces inégalités en cascades aboutissent à une discrimination massive.

La maternité donne des ailes
(enfin ça dépend)

J'ai souffert pendant des mois de fatigue chronique qui, à bien des moments, m'a paralysée, m'a ôté tout optimisme, mais j'ai tout de même réussi à m'occuper de mes enfants, avec beaucoup de plaisir la plupart du temps, et à changer deux fois d'emploi en deux ans pour évoluer.
Alors que j'étais, avant, ce qu'on peut appeler une *control freak* – dans mon travail tout doit être organisé, planifié et anticipé, mais aussi dans une moindre mesure dans ma vie de tous les jours (adepte des listes et des plans que je n'aime pas contrarier) –, j'ai appris à vivre au jour le jour, à distendre mes principes, à improviser et ainsi à prendre grandement confiance en moi. Cette histoire de

contrôle n'est-elle pas avant tout une peur de ne pas assurer ? La parentalité, avec sa fatigue inhérente si entravante physiquement et intellectuellement, m'a appris que j'étais plus forte que je le pensais.

J'ai rédigé ce texte, qui me tient à cœur, sur mon téléphone dans le métro, sur un coin de table, dans ma tête en essayant de me rendormir la nuit, dans la chaleur et le silence des siestes de mes bébés pendant les vacances d'été, alors qu'auparavant, avant l'existence de mes enfants – autre monde que je ne regrette absolument pas –, je ne me serais autorisée à écrire que vissée sur ma chaise, attablée à un bureau, attachée par mes soins, des jours et des jours durant. Peut-être y a-t-il une belle analogie à faire entre le fait d'être autrice et mère, on fait ce que l'on peut, advienne que pourra, et l'on s'affirme avec le temps et l'expérience.

Les enfants peuvent donner une force qui transporte, qui ferait bouger des montagnes. Les mères sont des guerrières ! Mais cette fatigue peut aussi annihiler toute envie et faire plonger les femmes dans des burn-out dévastateurs, desquels il est difficile de s'extraire. Cela dépend du contexte, de la présence ou non d'aides et de la force des contraintes.

J'ai trouvé le grand amour en rencontrant mes enfants, inconditionnel et sans limite, comme celui que j'avais reçu enfant. Mais je n'étais pas prête à tout accepter, à me perdre, à me sacrifier sur l'autel de la mère courage. Et cette fatigue ignorée, taboue, injuste, était inacceptable. Depuis peu, deux ans après mon accouchement, mes enfants commencent à dormir plusieurs nuits complètes d'affilée tous les deux. J'ai l'impression de revivre, que ma vie avait été mise sur « pause », et qu'en appuyant sur « play », je peux profiter d'eux avec joie. J'ai récupéré un peu de patience que j'avais auparavant. Même si, je dois être honnête, ça n'a jamais été ma qualité principale. Je crains néanmoins le retour de l'hiver, sa valse des maladies, et les nuits sans sommeil qui reviennent. Ça leur construit une immunité, me dit-on ! Mais le feu en moi risque à nouveau de s'éteindre.

J'ai pourtant la chance d'avoir un compagnon qui se lève plus que moi la nuit, supportant mieux la fatigue, et faisant mentir la plupart des statistiques sur la répartition du travail domestique. Sans cela, je n'aurais pas tenu et je m'interroge : comment font toutes ces mères qui gèrent tout au quotidien ? Et ça me met dans une rage folle. Une femme sur trois se dit en burn-out maternel[1] – autrement appelé « syndrome d'épuisement maternel » – et j'ai le sentiment que tout le monde s'en fout.

La fatigue n'est pas une fatalité

Ce n'est pas le bureau des plaintes que je vous propose, mais bien plutôt un stand de réflexion, pour que soit améliorée la vie des mères, des enfants, et finalement de toute la société. Bien sûr, des choses évoluent, de nouvelles générations de pères entrent en piste (même si les statistiques les accompagnant n'évoluent pas tant

---

1 Selon une étude de l'IFOP, parue le 5 avril 2022, 34 % des Françaises se sentent concernées par le burn-out maternel (https://www.ifop.com/publication/les-francaises-et-le-burn-out-maternel/).

que cela), et toutes les mères ne sont heureusement pas touchées par ce harassement si dramatique.

La fatigue est un prisme par lequel voir la maternité, mais c'est une expérience si complexe, à la fois magique et aliénante, que l'on ne peut la réduire à cela. La fatigue ne plombe pas forcément le quotidien de toutes les mères. Mais elle est une des difficultés qui pourraient tout à fait être enrayées, si les mères se sentaient autorisées à parler avec franchise de leur quotidien. On ne peut en vouloir aux autres s'ils ne sont pas informés de ce qu'on vit. J'ai lu quelque part cette adresse aux mères : « Si on vous propose de l'aide, prenez-la et si on ne vous la propose pas, demandez-la. » J'ai mis du temps à comprendre cela – mais il n'est jamais trop tard ! – et ce n'est clairement pas dans mon tempérament un peu bravache. Dans le futur, si l'une de mes proches se dit fatiguée par la maternité, même à demi-mot, ayant connaissance de ce que cela veut vraiment dire, je proposerai sans relâche mon aide. À bonne entendeuse !

J'ai aussi refusé pendant très longtemps que mon compagnon se lève seul la nuit. Conditionnée que j'étais par l'image forcément sacrificielle de la mère idéale que je n'avais que trop bien intégrée. Je ne voulais pas être défaillante, être rangée dans la catégorie de celles qui échouent, qui ne tiennent pas bon, qui ne donnent pas tout. Non seulement les rôles genrés inscrivent les mères dans la majorité des tâches, mais l'image de la mère dévouée corps et âme, quitte à s'oublier, tient encore la dragée haute.

La fatigue serait surtout moins plombante pour les mères si les inégalités femmes/hommes n'étaient pas aussi prégnantes dans la parentalité – arrêtez de faire semblant de dormir et prenez votre part du gâteau, nouveaux pères ! –, si le monde professionnel y mettait du sien avec des mesures concrètes et pas de la poudre aux yeux, et si enfin des politiques publiques en matière de parentalité dignes de ce nom existaient – un congé coparent égal au congé maternité serait une première brique à un édifice au tout début de sa construction.

Alors on continue à faire des enfants, on les aime par-dessus tout, mais on en chie et on commence à ne plus trouver ça normal. Il serait temps que l'on allège un peu les épaules des mères, qu'on les décharge de toutes ces fatigues, qu'on les délasse. Non, ce n'est pas un accès au spa que je demande, vous m'avez comprise ! Même si ce ne serait pas de refus non plus…

Il m'a fallu
avoir des enfants
pour sortir du brouillard
de l'innocence
et entrer dans celui
des mères exténuées.

J'étais donc une maman,
pour elle.
Le mot m'a chavirée.

La maman et la marge

GABRIELLE RICHARD

La grande penseuse afroféministe bell hooks a été révolutionnaire dans bien des domaines, sur le sujet de l'amour et de la maternité notamment. En ce qui concerne le fait d'être queer, elle déclarait lors d'une rencontre dans une université : « Le terme "queer", ce n'est pas pour désigner la personne avec laquelle on a des relations sexuelles, ce qui peut en être une dimension ; le terme "queer" désigne le moi qui est en désaccord avec tout ce qui l'entoure et qui doit inventer, créer et trouver un endroit où parler, vivre et s'épanouir. » Dans le domaine de la parentalité, les personnes queers doivent réinventer des modèles, sortir des sentiers tracés pour faire famille. Par le récit de son devenir mère, Gabrielle Richard montre qu'une famille, ça se construit et ça repose davantage sur des choix et sur l'amour que sur un lien biologique.

Je me souviens de la première fois. *Maman*. Elle avait quatre ans. Elle avait insisté pour qu'on aille à l'aire de jeux du parc Jarry, à Montréal. C'était la fin de la journée, et j'avais accepté parce que je savais que ça lui ferait du bien de dépenser son énergie avant de rentrer à la maison. Elle en avait déjà beaucoup, de l'énergie.

Sur place, elle s'était mis en tête de se suspendre aux barres. Elle les avait prises à pleines mains, mais s'était vite retrouvée en mauvaise posture, à un bon mètre du sol. J'observais la scène de très près, pour voir si elle s'en tirerait sans mon aide.

« Mmm-m-m… Ma-ma… Maman ! » Mon corps a réagi vite : il a franchi le pas qui me séparait d'elle. Mes deux mains ont enserré sa taille, lui permettant de réempoigner les barres. Elle a poursuivi comme si de rien n'était, bien décidée à terminer ce qu'elle avait amorcé. Ma tête, elle, était pourtant restée à l'écart à observer la scène. J'étais donc une maman, pour elle. Le mot m'avait chavirée.

Une maternité de tête

« Si tu veux m'appeler maman, tu peux », lui ai-je dit alors qu'on rentrait à la maison. Je voulais lui confirmer que je l'avais entendue, et qu'elle n'avait pas à hésiter à utiliser ce mot si c'était ce qu'elle souhaitait. Les centres jeunesse (les services québécois de protection de l'enfance) nous avaient bien dit, en nous confiant la garde de cette enfant, d'y aller à son rythme et de ne pas imposer ces mots. Après tout, elle en avait déjà une, de mère, et il ne s'agissait en aucun cas de la remplacer. J'ai donc été *Gaby* pour ma fille avant d'être *maman*. Et ça m'avait toujours bien convenu.

Son « maman », il confirmait ce qu'on savait déjà, elle et moi : qu'on était attachées l'une à l'autre et qu'elle avait besoin de faire racine. Et j'étais prête à ça, nul doute pour moi. Mais « maman », ça signifiait aussi rentrer dans la norme. Être une « mère » : je me sentais tout sauf ça. D'abord, parce que mon rôle de parent, on m'avait expliqué qu'il pourrait n'être que temporaire. Cette enfant, on l'avait accueillie parce que ses parents biologiques vivaient des difficultés. Il n'y avait qu'une petite possibilité qu'on puisse l'adopter et formaliser notre lien. C'était en toute connaissance de cause qu'on avait choisi de partager un bout de chemin avec elle.

Ensuite, parce qu'une mère, elle en avait déjà une, et que je n'avais aucune intention de l'effacer. C'était pourtant ce que prévoyait la loi. Une éventuelle adoption sécuriserait notre filiation et permettrait de prendre des décisions du quotidien sans devoir solliciter l'autorisation de ses parents biologiques – lui couper les cheveux, par exemple, ou la faire vacciner – mais le prononcé de l'adoption irait de pair avec l'effacement de sa filiation biologique. Ainsi, son certificat de naissance serait réédité, cette fois avec les deux seuls noms de ses parents adoptants. Exit la première partie de sa vie, exit les noms des personnes qui ont été ses premiers parents. Ma parentalité se payait au prix fort de l'éradication juridique de celle qui lui avait donné la vie. Le mot « maman », je le voyais comme un premier pas symbolique dans cette direction. Et ça me mettait hautement mal à l'aise. J'ai toujours été convaincue qu'on pouvait reconnaître plusieurs modes de filiation en même temps. Cette enfant, elle a des parents biologiques et elle nous a, nous. Ces deux choses sont vraies, en même temps. Il n'y a pas à choisir.

Finalement, parce qu'on était une famille queer. Une femme cisgenre et une personne non binaire. Le mot « maman », j'en héritais avec fierté mais aussi un peu malgré moi. Si j'étais une maman, qu'allait être Am ? Quand on a commencé à discuter de la possibilité d'avoir des enfants, maon[1] partenaire et moi, le mot « maman » était sur la table. Il n'allait pas de soi qu'il allait être utilisé par qui que ce soit. C'était *à discuter*, comme tout le reste. « Est-ce important pour toi de vivre une grossesse ? » « Tiens-tu à avoir un lien biologique avec notre enfant ? » « Aimerais-tu qu'on t'appelle "maman" ? » Am avait rapidement clarifié n'avoir absolument aucune affinité avec ce terme, pas plus qu'avec la maternité. Allait-il falloir inventer un mot ? Comment procèdent les autres parents dans des situations similaires ? Est-ce que ma parentalité serait vue comme plus légitime que la sienne, parce que plus normative ?

Il faut dire que la parentalité n'est jamais allée de soi pour nous, comme elle ne va pas de soi pour bien des parents queers. Depuis aussi longtemps que je me souvienne, j'ai toujours voulu avoir des enfants. Tout a changé quand j'ai pris conscience que j'étais lesbienne. J'ai d'abord cru que mon lesbianisme sonnait le glas d'une éventuelle maternité. Je ne connaissais pas de mère lesbienne, pas plus que je n'en avais vu au cinéma. La parentalité, je pensais que c'était le privilège des personnes hétérosexuelles, celles

---

1 Plusieurs personnes non binaires préfèrent qu'on parle d'elles en neutralisant autant que possible le genre, que ce soit en utilisant des pronoms comme « iel » ou « ael », des néologismes comme « belleau » (plutôt que « beau ou belle ») ou des mots comme « parent » (plutôt que « mère ou père »). C'est le cas d'Am.

dont les organes génitaux s'emboîtent et les gamètes se complètent. Et j'avais bien vu ma mère pleurer à chaudes larmes quand on a discuté pour la première fois de mon orientation sexuelle et qu'elle en a retenu l'idée qu'elle ne serait jamais grand-mère.

Dans la vingtaine, ma mère m'a donné le livre *Mon frère féminin* de la poétesse russe Marina Tsvetaïeva[1]. C'est un texte lesbien magnifique, qui dit le deuil que doivent faire deux femmes qui s'aiment de la possibilité de faire un enfant ensemble. Un enfant d'elles deux.

C'est le seul point faillible, le seul point attaquable, la seule brèche dans cette entité parfaite que sont deux femmes qui s'aiment. L'impossible, ce n'est pas de résister à la tentation de l'homme, mais au besoin de l'enfant. Seul point faible qui ruine toute la cause. Seul point attaquable qui laisse entrer tout le corps ennemi. Car même si nous pouvons un jour avoir un enfant sans lui, nous ne pourrons jamais avoir un enfant d'elle, une *petite toi* à aimer[2].

Ce texte, on ne m'avait pas dit qu'il parlait d'une autre époque, pas plus que je n'avais pris l'initiative de regarder par moi-même en quelle année il avait été écrit (1932). Cet écrit, j'y ai vu reflétée ma propre peine et m'en suis massé le cœur pendant des mois. Des mois durant lesquels j'ai déploré cette normalité que je n'atteindrai jamais. J'ai pleuré l'impossibilité de créer un enfant avec la personne que j'aime. J'ai blâmé les parents hétérosexuels qui n'ont

---

1 L'ouvrage paraît en France en 1979 au Mercure de France. Le texte en français est de Marina Tsvetaïeva (1892-1941).
2 Marina Tsvetaïeva, *Mon frère féminin*, 1979/1932, Mercure de France, collection Le petit mercure, p. 26.

pas conscience de leurs privilèges. J'ai maudit tous les dieux auxquels je ne crois pas.

Une maternité dans la marge

On m'avait déjà appelée « maman » avant, mais cela avait, étrangement, été le fait d'adultes, pas d'enfants. Pas de la principale concernée. Des adultes inconnus, d'abord, qu'on croisait dans la rue, au marché ou à la piscine, et qui disaient à cette enfant de trois ans que je connaissais depuis seulement quelques semaines : « Comme tu ressembles à ta maman ! » D'autres parents qu'on côtoyait sans trop les connaître et qui transposaient simplement leur modèle familial sur le nôtre. À l'épicerie, par exemple : « C'est gentil d'aider ta maman comme ça. » À un atelier d'éveil musical : « À la fin de la comptine, sautez dans les bras de votre maman ! » Je pense aussi à mes propres parents, dans une démarche de validation de mon rôle parental, qui lui disaient, lors des repas familiaux : « Va t'asseoir à table, ma grande, maman va te servir. »
J'étais passée en quelques mois d'une adulte sans attache à une « mère sociale »[1], puis à une « maman ». J'ai vu le regard sur moi changer entre ces différents statuts. J'avais vécu le passage à la trentaine sans enfant et j'avais bien compris, chaque fois qu'on s'enquérait de mes plans d'en avoir un, que c'était attendu de moi que j'aie un enfant et que je le porte, parce que j'étais une femme. Je savais aussi que les attentes étaient moins présentes du fait que

____

1 Ayant la charge d'un enfant sans détenir l'autorité parentale ou avoir la reconnaissance légale du statut de mère.

je sois queer, que maon partenaire n'était pas en capacité de me mettre enceinte, et que de toute façon « je ne faisais jamais rien comme les autres ». J'ai tout de même bien vu l'espoir renaître dans les yeux de mes proches, je me suis sentie redevenir intelligible quand j'ai verbalisé mon souhait de devenir parent *malgré* le fait que je sois queer. Mon flirt avec la norme en matière de parentalité s'est presque fait en dialogue avec ces termes d'affection qu'étaient jusqu'alors « Gaby », puis « maman ». C'est *Gaby* dont le cœur battait jusque dans les tempes à l'idée de faire la rencontre de celle qui allait devenir sa fille, un matin de grand froid. C'est *Gaby* qui s'est accroupie à ses côtés pour se présenter, faisant fi des autres adultes dans la pièce. C'est *Gaby* qui est rentrée de cette journée, les yeux pleins d'eau et les bras lourds de sacs contenant les effets personnels de cette enfant. C'est *maman* qui l'a aidée à se calmer lors des crises générées par des émotions confuses. C'est *maman* qui a pris le temps de reconnecter calmement, seule à seule avec elle, dans les événements où tout se passait trop vite. *Gaby* pour le cérébral, la transition, l'incertitude. *Maman* pour l'émotif, la stabilité, la prévisibilité. Deux mots, deux registres.

Je n'ai donc pas attendu le mot « maman » pour me sentir parent. Je me suis sentie parent quand je me suis mise à réfléchir en termes d'heures de sommeil – les miennes comme les siennes. Quand je me suis mise à planifier des activités chaque jour des premiers mois de notre vie commune (lundi, atelier de comptines ; mardi, bibliothèque ; mercredi, piscine, etc.) parce qu'il fallait bien les meubler, ces journées. Quand j'ai croisé le regard empli de compassion que se décochent les parents de jeunes enfants lorsqu'ils se croisent dans les couloirs de la crèche ou de la maternelle, l'air de dire « on se sait ».

Une maternité de ventre

Cinq ans plus tard, j'habite à Paris. Je suis enceinte. J'ai le cœur au bord des lèvres. Les seins lourds, la démarche chaloupée. J'ai appris à me moquer des affiches ou des graffitis contre la PMA pour toutes, à éteindre la radio quand on débat une énième fois du papa et de la maman qu'il faudrait pour chaque enfant, à survoler les rayons de vêtements de maternité de manière à n'y être que la durée nécessaire pour empoigner un jean et un tee-shirt noir qui vont convenir à mon corps en expansion.

La grossesse que je vis, elle est lue comme hétérosexuelle, et moi aussi par son biais. Autour de moi, hormis mes proches, personne ne questionne même un seul instant que je sois une future mère hétérosexuelle, et qu'il y ait un père – ou à tout le moins une figure masculine – dans le tableau. J'en veux pour preuve ce gynécologue qui n'a pas su cacher son malaise lorsque Am et moi lui avons demandé de nous assister dans nos démarches de procréation assistée. Ces infirmières qui n'avaient de cesse de me suggérer que « monsieur » m'accompagne aux nombreux rendez-vous médicaux inhérents à ces démarches. Le papa dont on me demande le nom lorsque je vais m'inscrire en mairie sur la liste d'attente pour la crèche. Les premières minutes de chaque séance de préparation à la naissance, où chacune devait se présenter aux autres : « Dites-nous si c'est votre premier enfant, à vous et à votre mari. » Je n'écoutais jamais les réponses des autres, trop occupée à « traduire » la demande en termes qui faisaient écho à ma réalité. *Que cherche-t-on à savoir ici : si j'ai déjà un enfant ou si j'ai déjà vécu une grossesse ou accouché ? Si je suis accompagnée par un·e partenaire dans ma grossesse ? Devrais-je dire que je suis dans un couple queer ? Est-ce un endroit sécuritaire pour le faire ?* J'optais souvent pour le silence, ne sachant pas dans quoi je mettrais le pied en faisant un coming out, et je n'en éprouve aucun remords. À ce stade de ma parentalité, j'étais habituée aux questions qui ne s'appliquaient pas à moi, aux conversations auxquelles je participais de manière décalée. Je gardais mes distances, je souriais poliment, je hochais la tête. J'inventais parfois des choses pour parfaire mon image de mère hétéro, biologique, *normale*. J'ai le souvenir d'une mère qui, épatée par le fait que ma fille était propre avant ses trois ans, m'avait demandé comment je m'y étais prise. « J'ai simplement su qu'elle était prête à ne plus avoir de couche », lui avais-je répondu, prise au dépourvu à l'idée de conseiller qui que ce soit sur une étape dont je ne connaissais rien. Cette mère avait hoché la tête, pensive, comme si j'avais mis le doigt sur quelque chose d'important.

Si cette seconde maternité est plus socialement acceptable, parce que plus traditionnelle, pour moi, il en va tout autrement pour Am, qui a vécu comme humiliantes les démarches juridiques visant à sécuriser son rôle parental. Iel a adopté ses deux enfants. La première de ces adoptions, comme moi, lui permettait d'obtenir l'autorité parentale sur une enfant née d'autres personnes.

La seconde, par contre, a été vécue comme une violence. On ne demande à aucun autre parent sur terre de prouver aux yeux d'autrui, dix attestations à l'appui, son engagement auprès de son propre enfant. On ne demande à aucun autre parent sur terre de déposer des photos témoignant de son affection envers son enfant, ou de son implication dans les soins du quotidien. On ne demande à aucun autre parent sur terre de payer des frais de notaire et d'avocat pour y voir clair dans une démarche aussi violente qu'opaque.

Quand notre bébé a trois jours, Am et moi décidons d'aller déclarer sa naissance à la mairie en autobus. L'autobus est bondé et je me glisse rapidement sur le premier siège qui se libère. J'ai accouché trois jours auparavant et je peine à tenir sur mes jambes. Am reste debout, avec la fierté d'un paon, avec notre rejeton en porte-bébé. Je ne comprends pas immédiatement pourquoi on me décoche des regards hostiles de droite et de gauche. Ce n'est qu'un peu plus tard dans la journée que je saisis ce qui a généré cette animosité. C'est qu'Am est perçu·e comme une femme, et comme iel portait un tout petit bébé, on a considéré qu'iel venait d'accoucher. J'ai compris que dans le meilleur scénario, j'avais eu l'air d'une amie très peu calée en matière de bienséance.

Des anecdotes comme celles-là, j'en ai des dizaines. Elles me font maintenant sourire, mais j'y vois tout de même des rappels à l'ordre, anodins mais constants. Deux de ces rappels, ce sont la filiation biologique (être le parent d'un enfant, c'est avoir contribué biologiquement à sa conception) et l'hétérosexualité. Ce sont ces normes qui sont en jeu quand on impute à maon partenaire le rôle de mère gestationnelle, parce qu'on lae « lit » comme femme et qu'iel porte le bébé. C'est la présomption d'hétérosexualité – c'est-à-dire le fait de présumer que les parents d'un enfant sont nécessairement un homme et une femme en couple – qui fait qu'on peine à expliquer ma présence dans cet autobus.

Alors bien sûr, on me dira que les normes existent pour une raison. Que la plupart des parents ont des enfants par reproduction hétérosexuelle et qu'on ne peut, par conséquent, s'étonner que les services, le langage et les représentations autour de la parentalité fassent état de cette situation. Que je n'ai qu'à faire l'effort de comprendre ce que la sage-femme en charge des cours de préparation à la naissance cherche à savoir quand elle demande si les participantes et leur mari ont déjà eu un enfant. Que je ne peux pas m'attendre à ce que les personnes dans l'autobus devinent que nous étions un couple et que c'était moi qui avais accouché, et que, à ce titre, elles n'ont pas fait preuve de lesbophobie. Que je peux bien essayer de me mettre à leur place un instant. Et on aura en partie raison.

Mais de quel droit exige-t-on que je me prête à tous les instants à cette gymnastique mentale, de surcroît quand ces discours qui équivalent parentalité, biologie et hétérosexualité excluent toute une diversité de personnes : les parents queers, certes, mais aussi les parents solos, les parents trans et non binaires, les parents adoptants, les familles pluriparentales, les personnes élevant un enfant en coparentalité, les familles d'accueil, les parents qui n'habitent pas avec leur enfant et les beaux-parents, notamment.

Quand ma fille m'a appelée « maman », j'ai compris que je n'avais pas à choisir. Que ma maternité n'était pas une performance à jouer pour autrui, mais une relation privilégiée et unique qui m'unissait à cette enfant. Que je pouvais intellectualiser la chose tant que je voulais, mais que je n'avais pas compté sur le fait que cette expérience de parentalité mettait au moins en scène deux personnes : moi et cette enfant. Et que si j'ouvrais le champ des possibles, elle allait avoir autant que moi son mot à dire dans toute cette histoire. C'est elle qui a décidé que c'était *maman* pour moi, *mamou* pour son autre parent. C'est elle qui a accepté de faire confiance. De s'établir. J'ai compris qu'il était possible de faire de ma maternité, de ma parentalité, des expériences qui me sont propres, qui nous sont propres, à moi et à chacun de mes enfants. J'ai appris que je pouvais avoir adopté mon aînée et porté mon plus jeune, et que ça n'en faisait pas pour autant des expériences de maternité radicalement différentes. J'ai aussi compris que les deux pouvaient m'appeler *maman*, et que ça ne recouvrait pas pour autant des expériences de maternité particulièrement similaires. Que ma maternité était mienne, était nôtre, à construire.

Je ne connaissais pas
de mère lesbienne,
pas plus que
je n'en avais vu
au cinéma.

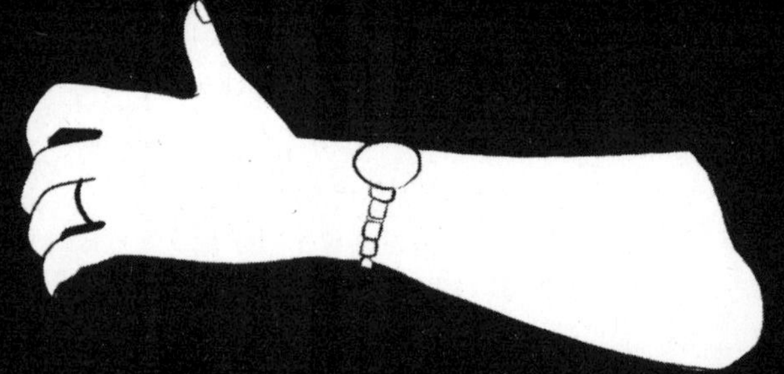
Tu viseras l'héroïsme.
Car c'est toujours ce qu'on t'a dit :
Une bonne mère,
c'est une mère qui serre les dents.

Lettre à celle qui naît aussi

ANNE-SOPHIE BRASME

On parle souvent de la fougue de la jeunesse qui s'assagit avec le temps mais on parle rarement d'un cheminement par vagues, composé d'allers et retours vers son moi véritable. Simone de Beauvoir a une vie au départ toute tracée, avec la littérature en compagne. Dans *Mémoires d'une jeune fille rangée*, elle dépeint son enfance studieuse et docile, avec tout de même une vitalité fougueuse qui s'exprime par crises, puis son détachement de sa famille verra aussi l'éclosion de ses réflexions philosophiques et engagements, prémices d'une révolution féministe. Pour Anne-Sophie Brasme, son enfance de « fille grenade », petite fille au caractère explosif, étrangère aux concessions, avait déjà en germe son déclic féministe durant une maternité où elle a retrouvé la force qui battait en elle plus jeune, après s'être conformée trop longtemps à ce que l'on attendait d'elle.

À toi que j'étais ce matin-là, ce matin où ma première fille est née ; à toi qui attends dans cette chambre rose de la maternité, le cœur suspendu, ébahie d'elle accrochée à toi ; à toi que j'étais alors, j'aimerais te raconter.

Te dire les dix ans qui nous séparent et qui ont fait de moi une mère. Te dire les secousses, les vertiges, la rage et la douceur. Te dire la fatigue, l'urgence et l'amour qui explose entre les côtes. Tout ce qui t'attend à la lisière de cette nouvelle vie.

Je te regarde. Tu es là, échevelée, un peu sonnée par toute une nuit de travail. L'accouchement s'est bien passé. La sage-femme a même dit que tu étais une « championne ». Même pas de points de suture. Tu peux être fière ! Comme si cet accouchement si facile te validait comme mère de première catégorie.

Tu as toujours imaginé ce jour comme celui où tu serais enfin forte. Dans ta tête, des images de mères courage, de mères saintes comme l'étaient tes aïeules, là-bas, en Lorraine et en Italie. Toutes ces femmes avant toi qui ont accouché dans la douleur, ont élevé dans la pauvreté des flopées d'enfants, en ont perdu parfois, et se sont relevées. Dans les replis de ta mémoire, elles sont là. Debout, avec leurs mouchoirs roulés en boule dans les tabliers, leurs savates qui traînent sur le carrelage de la cuisine, leurs plaintes que les hommes balaient d'un revers de main. Souvent, tu t'es dit que le jour où tu deviendrais mère, tu serais digne d'elles. Digne d'appartenir à leur rang. Tu as cru qu'en donnant la vie à ton tour, quelque chose d'immémorial te serait transmis comme par magie. La longue histoire de leur puissance, comme une flamme qui se lègue de géneration en génération.
Mais non.

Tu n'as jamais été aussi faible, aussi nue qu'en ce moment. Ta fille ressemble à une petite bête. Contre toi, tu sens son cœur minuscule, pulsatile. Tu es terrifiée. Désormais, crois-tu, tu n'as plus droit à l'erreur. Un geste vif, une maladresse, un mot même, et c'est le traumatisme assuré. Pendant ta grossesse, tu as lu une quantité innombrable d'articles. Écouté une quantité innombrable de conseils. « Il faut allaiter, c'est pour son bien. » « Il ne faut pas la prendre tout le temps dans tes bras, c'est lui donner de mauvaises habitudes. » « La laisser pleurer. » « Ne surtout pas la laisser pleurer. » « La faire dormir avec toi. » « Ne surtout pas la faire dormir avec toi. » Et le pire de tous : « Fais-toi confiance. C'est toi, la maman. Instinctivement, tu verras, tu sauras. »

Mais non.

Ta fille est là, dans tes bras, et tu ne sais rien.

Tu repenses à cette publicité affichée sur les immenses panneaux de la zone commerciale ; ce bambin d'une quinzaine de mois, assis au milieu d'une chambre aux couleurs pastel et au design harmonieux. « Pour un bébé réussi ». Julien t'avait montré l'affiche du doigt quand vous étiez allés faire vos achats de puériculture. « Non mais, sérieux ? c'est quoi ce slogan ? » avait-il lancé. Tu avais acquiescé. « Oui, c'est vraiment ignoble. » Mais une part de toi avait tremblé. Seriez-vous capable, vous aussi, de « réussir votre bébé » ? La chambre serait-elle assez belle ? Le matériel adapté ? Votre couple assez solide ? Vos tempéraments adéquats pour devenir des « parents réussis » ? Tu n'as jamais douté un instant de Julien, déjà père d'une petite fille. Mais toi ? Toi, la trop-sensible, l'écorchée vive, la torturée. Toi, celle dont on disait petite : « Attention ! Un jour, si tu continues comme ça, tu verras, tu finiras toute seule. »

Face à elle ce matin, tu sens le vertige qui se glisse dans ton ventre. Combien de temps encore feras-tu illusion ? Tu as passé la plus grande partie de ta vie à gommer tes aspérités. À faire taire l'enfant grenade que tu as autrefois été. Celle dont les colères étaient devenues légendaires. Tu as travaillé dur pour te discipliner. Tu t'es tordue, tu t'es modelée. Et voilà : tu as fini par y arriver. Tu es devenue ce qu'on attendait de toi. Une jeune femme irréprochable. Agrégée de lettres, prof en lycée, mariée au gendre idéal. Depuis des années même, tu n'écris plus. Finies la noirceur, l'irrévérence, les explosions. Finies les lectures féministes, les Virginia Woolf et Simone Beauvoir dévorées à l'université, leurs mots revendiqués haut et fort comme un étendard. Rangées au placard. Oubliées. Tu vis dans une petite maison aux volets bleus, toujours propre et bien rangée. Tu cuisines des repas maison, bio, équilibrés. Tu reçois ta famille comme une parfaite maîtresse de maison. Même ta mère ne trouve plus rien à y redire. Tu as appris la tempérance. L'art délicat d'être une femme comme il faut.

Enceinte, tu avais même l'impression d'avoir atteint une sorte d'acmé. « Tu rayonnes », « Tu es superbe », « Tu as l'air si épanouie ». Jamais cela n'avait été aussi facile d'être une femme. Pour la première fois de ta vie, tu te sentais *légitime*. Plus que jamais reine en ton royaume. Plus de drague, plus de reproches, plus d'injonction à rester mince. Enfin à toi, le droit de bouffer, d'être de mauvais poil, de ne rien faire de tes journées. Peut-être n'as-tu désiré un enfant que pour cela : être enceinte, et qu'on te foute enfin la paix. Être enceinte, et avoir le droit d'être libre autant qu'un homme.

Mais te voilà ce matin, l'enfant sorti de ton ventre. Et cette intuition déjà que la paix est finie. Désormais, tu es mère. Et les griffes du patriarcat se jetteront sur toi de plus belle.

Pour l'instant, personne encore n'est venu te voir. Personne encore pour te dire comment tenir ton enfant, comment le nourrir ou l'éduquer comme il se doit. Mais même dans cette solitude, tu le sens, cet inquisiteur tapi au fond de toi. Cette voix où se mêlent toutes celles qui se sont plantées en toi depuis que tu as conscience d'être une fille : mères, amies, hommes, corps médical, médias. Cette voix qui t'a harcelée pour que tu sois belle, pour que tu sois sage, pour que tu ne te plaignes pas. À peine ta fille est-elle née, que l'inquisiteur est là, de nouveau. À scruter chacun de tes gestes. À guetter le moindre faux pas. Cette phrase dans ta tête, alors que le bébé est dans tes bras, et qu'au lieu de l'amour c'est l'angoisse qui t'envahit : « Tu l'abîmes. »

Cette phrase va te poursuivre des semaines, des mois, des années. Tes seins sans lait, les biberons donnés dans un aveu d'échec : *Tu l'abîmes.* Ton visage sans sourire au-dessus du tapis d'éveil, tes yeux éteints alors qu'ils devraient s'émerveiller : *Tu l'abîmes.* Ton impuissance à la calmer lorsque son corps se vrille et qu'elle hurle toute la nuit : *Tu l'abîmes.* Ta rage et tes poings qui se serrent pour ne pas la secouer : *Tu l'abîmes.* Le psychiatre qui t'annonce que tu fais une dépression du post-partum, que tu dois prendre des médicaments, que peut-être même tu devras aller à l'hôpital : *Tu l'abîmes.* Tes petits pots industriels alors que tes copines font des purées maison : *Tu l'abîmes.* La télé allumée parce que tu ne sais plus comment l'occuper : *Tu l'abîmes.* Tes « non », tes chantages, tes punitions, ta voix qui se lève, tes émotions comme des tempêtes, ton incapacité à rester calme et à accueillir les siennes : *Tu l'abîmes.* Tes ras-le-bol, tes regrets, ta patience en miettes : *Tu l'abîmes.*

Pour l'heure, ce petit bout de vie est encore lisse. Comme une promesse de douceur et de pureté. Mais il y aura des accrocs. Il y aura des défaites. Toutes ces fois où tu te diras que c'est foutu, que tu gâches sa vie, que tu ruines son potentiel. Qu'un jour elle te détestera et que, comme on te l'avait prédit, *tu finiras toute seule.* Toutes ces fois où tu penseras : « Je n'ai pas *réussi.* »

Tu ne le sais pas encore, mais en donnant raison à l'inquisiteur, c'est toi-même que tu abîmeras.

Tu ne le sais pas encore, mais tu vas en chier. Le chemin sera long, labyrinthique, et à chaque fois que tu croiras t'en échapper en t'approchant davantage de la perfection, les ronces se refermeront un peu plus fort autour de ton cœur, comme pour te rappeler que ce n'est pas le bon chemin.

Tu ne le sais pas encore, mais ta fille est un volcan. Une enfant grenade comme celle qu'autrefois tu as été. Tu ne le sais pas encore, parce que pour l'instant elle dort paisiblement, groggy par la naissance et les restes de péridurale qui l'ont assommée. Tu t'étonnes de ce petit être si calme lové contre toi. Se pourrait-il qu'elle reste comme cela pour toujours ? Aussi immobile qu'une poupée qu'on berce dans ses bras ? Mais dans quelques heures à peine, la grenade se dégoupillera. Ses premiers pleurs viendront percer le silence de la petite chambre rose. Et pour toujours, ils perceront cette image de « championne », de mère accomplie que tu crois devoir atteindre. Ils gratteront, ils arracheront, ils piétineront. Ils fouilleront à l'intérieur de toi, jusqu'à trouver ce que pendant des années tu t'étais efforcée d'enfouir : ta colère, comme un petit animal pelotonné au creux de toi.

Tu ne le sais pas encore. Tu espères que ce sera une enfant sage. Julien et toi lui avez donné un prénom doux, un prénom qui coule comme une eau claire quand vous le murmuriez en caressant ton ventre. Un prénom de petite fille modèle. Tout le contraire de celle que tu étais. Un prénom, comme une amulette pour conjurer le mauvais sort. Pitié, pourvu qu'elle ne soit pas aussi terrible que je l'ai été. Qu'elle soit docile, qu'elle soit gentille, qu'elle soit jolie. Que toutes les fées de la féminité se posent au-dessus de son berceau et exaucent mes prières.

Tu ne t'attendais pas à avoir une fille. Pendant des années, tu ne t'es projetée qu'avec des garçons autour de toi. Des fils que tu chérirais, comme tes aïeules avant toi ont chéri les hommes de la famille. Ton histoire est peuplée de fils et de frères à la santé fragile et au destin tragique, morts trop jeunes, fauchés par la guerre, la maladie ou les accidents. Les filles, elles, sont robustes. Elles ont la peau coriace. Nul besoin qu'on s'occupe d'elles : elles font ce qu'elles ont à faire. Elles tiennent bon sans demander leur reste. Alors, évidemment, tu ne pouvais t'imaginer mère qu'avec un fils dans les bras. Un fils vulnérable, pour faire de toi une mère puissante.

Mais contre toute attente, c'est une fille que tu as eue.

Et déjà, tu la soupçonnes : la force qui bat en elle. Cette force qui, te dit ta mère, se transmet de femme en femme depuis des générations. Cette force que tu redoutes, parce qu'elle pourrait bien te terrasser.

Tu espères une enfant sage, une petite fille comme un miroir de la femme respectable que tu as fini par devenir. Mais c'est tout l'inverse que tu auras : une bombe qui explose. Une décharge voltaïque qui va bientôt tout renverser et mettre ta vie sens dessus dessous. Vous allez souvent vous cogner l'une à l'autre. Tu dépenseras une énergie folle à essayer de la dompter, à t'en vouloir surtout de ne pas y arriver. Tu diras souvent d'elle : « Je ne la comprends pas. Je ne la connais pas. » Tu mettras vos heurts sur le compte de vos différences. Son énergie intempestive, alors que tu n'aspires qu'au calme et à la solitude. Sa ténacité à toute épreuve, alors que tu as passé ta vie à renoncer et à t'excuser. Sa pudeur, sa carapace en béton, alors que toi tu es poreuse, sans cesse atteinte par les émotions des autres. Et pourtant, détrompe-toi : s'il y a tant d'accrocs entre vous deux, c'est bien parce qu'elle et toi, vous vous ressemblez.

Grâce à elle, tu la retrouveras : l'enfant terrible que tu as tordue tout au fond de toi-même. La petite fille au regard froncé et aux genoux écorchés, qui allait jouer au bord du ruisseau et salissait ses robes. Celle qui n'avait pas peur de la dissidence. Celle qui voulait vivre aussi fort qu'un garçon. Pendant toutes ces années, tu l'avais oubliée. Mais elle est encore là. Tapie dans les recoins du labyrinthe dans lequel tu t'apprêtes à t'enfoncer.

Tu crois que tu vas tout apprendre à ta fille. Mais non. C'est elle aussi qui t'apprendra. Sans le savoir, c'est elle aussi qui t'élèvera.

Elle repoussera toutes tes limites : celles du sommeil, de la fatigue, de la patience. Elle te mettra au défi. Face à ses « non » sans négociation possible, tu devras garder le cap. Ne surtout pas baisser la garde. Devant ses yeux qui te tancent et qui te bravent, tu apprendras à tenir bon. Toi qui te croyais faible, sans armes, tu te découvriras capitaine.

Mais avant cela, tu te perdras souvent, abusée par des recettes toutes faites qui te feront croire incompétente. Tu te noieras dans des injonctions de bienveillance et d'empathie, d'éducation positive, de maternage proximal. Tu te plieras en quatre pour ressembler aux autres, ces mamans sur Instagram qui font tant d'activités formidables avec leurs enfants, qui leur apprennent la langue des signes, qui leur font l'école à la maison, qui n'élèvent jamais la voix, de crainte qu'une décharge de cortisol ne vienne endommager leur cortex préfrontal et ne les condamne à l'échec. Souvent, tu t'oublieras dans cette quête de performance et de perfection. Tu renonceras à prendre du temps pour toi, de peur que ta fille ne se sente abandonnée. Tu prendras sur toi, tu ravaleras ta colère, tu viseras l'héroïsme. Car c'est toujours ce qu'on t'a dit : une bonne mère, c'est une mère qui serre les dents. Qui fait son devoir, et qui ne bronche pas.

Mais peu à peu, tout se morcellera. La dépression, puis le burn-out, quatre ans plus tard, à la naissance de ta deuxième fille. Ton armure en lambeaux. Tes forces à terre.

La noirceur t'envahira. Mais tu mettras longtemps à te l'autoriser. À te sentir légitime, toi qui as tout pour être heureuse, toi dont les enfants sont en pleine santé, toi qui as toujours été pourrie gâtée par la vie. Jusqu'à ce jour où, plutôt que de rentrer chez toi, tu envisageras sérieusement la possibilité d'enfoncer ta voiture dans un arbre, pour qu'on s'occupe de toi à l'hôpital et que tu puisses dormir tout ton saoul.

Bien sûr, tu ne le feras pas. Mais c'est là que se produira la dernière secousse. Celle qui te fera te relever. Celle qui te poussera enfin à creuser, à gratter avec tes ongles tous les recoins du labyrinthe.

Tu apprendras à ne plus te taire. Question de survie. Après des années sans écrire, tu te remettras à l'œuvre. Trop de mots ravalés, jamais sortis. Trop de mots fichés dans ta gorge, enflés comme des cloques. Un à un, tu les extirperas. C'est la première chose qui te sauvera : oser dire la rage qui t'habite. Oser dire ce que les braves mères n'avouent jamais : la fatigue, la fureur, l'amour qui ne se lève pas.

De ces mots sortis de toi, tu rencontreras d'autres femmes qui te diront « moi aussi ». Et leurs récits feront écho au tien. Et tu découvriras ce que tu n'avais jamais connu avant cela : la sororité. Jusqu'à présent, tu n'avais envisagé tes amitiés féminines que sous l'angle de la comparaison et de la compétition. Toi qui te croyais seule, minable, mauvaise mère, tu prendras conscience que non : ton histoire n'est pas celle d'un échec individuel. C'est l'histoire de toutes les femmes à qui on a fait croire à une perfection impossible. C'est l'histoire d'un système qui les invisibilise et qui les broie. Avec elles, autour de leur feu, enfin tu trouveras ta place. Tu reliras Beauvoir, tu reliras Woolf, puis d'autres voix encore, des femmes d'aujourd'hui. Et cette force que tu espérais trouver en donnant naissance, c'est finalement auprès d'elles que tu la sentiras battre.

Tu réapprendras la colère. Celle qu'on t'interdisait d'exprimer, sous prétexte qu'elle te rendait laide, qu'elle te rendait méchante. De nouveau, tu la sentiras, bruissant au creux de toi. Tu n'en auras plus honte. Tu la dompteras. Tu la chériras. C'est grâce à elle que tu oseras te lever. Dire « non » aux inquisiteurs qui guettent le moindre de tes faux pas. Grâce à elle, un jour, tu trouveras la force d'affirmer ta pensée devant cet homme qui te rabaisse depuis l'enfance. Pour la première fois, tu soutiendras son regard. Calmement, fermement, tu lui diras : « Plus jamais. » Et puis, tu le verras vriller. Exploser de rage devant la femme que tu es devenue. Sans ciller, tu laisseras ses mots rouler sur toi : « chieuse », « tarée », « féministe ». Sans ciller, tu le regarderas s'avancer vers toi à pas brusques, s'arrêter devant ton visage, prêt peut-être à te frapper. Et puis repartir en claquant la porte. Tu entendras les autres te dire : « Oh, tu sais comment il est » ; « Mets de l'eau dans ton vin, toi aussi » ; « Tu aurais mieux fait de te taire et de laisser pisser. » Mais tu ne t'excuseras pas. Plus jamais tu ne confondras la colère avec la violence qui humilie. Plus jamais tu ne laisseras quelqu'un enfreindre ton territoire.

Et cela, tu l'apprendras à tes filles.

Tu renonceras à la perfection, à la maison toujours propre et bien rangée, aux repas toujours maison, bio et équilibrés. Tu accepteras le désordre, les paniers à linge qui débordent, les goûters trop sucrés, la poussière qui s'accumule sur les étagères, les vêtements un peu froissés. Tu diras à Julien : « Maintenant, nos armes sont égales. » Et tu le laisseras prendre sa part.

Tu pardonneras à ton corps affaissé par les maternités, les nuits sans sommeil et le manque de volonté. Après des années de désamour, tu oseras poser sur lui des yeux indulgents. L'estimer comme un indéfectible compagnon de route. Parfois même, tu t'autoriseras à le trouver beau. Et cela, tu l'apprendras à tes filles.

Tu t'accorderas un temps et un lieu rien qu'à toi, et ce sera non négociable. Dans l'urgence des semaines, tu te tresseras un cocon, pour écrire, lire, penser. Parfois même pour ne rien faire. Simplement reprendre ton souffle. Tu ne craindras plus de passer pour une égoïste, car tu le sauras : il est des égoïsmes qui sauvent.

Tu apprendras à te conquérir, comme un royaume perdu il y a longtemps.

Et à ton tour, tu l'apprendras à tes filles.

Tu refuseras l'histoire qu'on te raconte depuis toute petite : celle des mères courage qu'on porte aux nues. Celle des mères dont on n'accorde de la valeur que parce qu'elles ont été des saintes et qu'elles se sont sacrifiées. Tu prendras conscience des travers de ce récit : c'est qu'il nous prive du droit d'être fragiles et d'être soutenues. C'est qu'il nous ligue les unes contre les autres, d'un côté celles qui triomphent, de l'autre celles qui échouent, au lieu d'unir nos forces et de nous légitimer. Tu décideras que plus jamais tu ne te sacrifieras. Car tu comprendras que le revers du sacrifice, c'est l'aigreur. L'attente d'un impossible dû. Et de cette dette, tu libéreras tes filles. Jamais tu ne voudras qu'elles s'empêchent d'être faibles, par loyauté envers la lignée qui les précède.

Alors un jour, tu invoqueras l'esprit de tes aïeules, avec leurs mouchoirs roulés en boule, leurs tabliers et leurs savates, et tu leur diras : « Je salue votre force. Mais c'est décidé : je ne serai pas des vôtres. » Et pour toujours, tu briseras la chaîne.

Tu renonceras à être une mère réussie et à avoir des enfants réussis. Tu apprendras la beauté des ratures, de l'inachevé, de l'ambigu. Et que même du chaos le plus total, l'amour peut se lever.

Tu connaîtras la joie, celle qui vrille le ventre et qui emporte. Tu verras tes filles semer autour d'elles des éclats de rire et des bonheurs grands comme des soleils. Dans les brèches de ton cœur pousseront des herbes folles.

Année après année, tu les verras grandir, s'affirmer, tomber, hurler, se relever. Et brique après brique, construire le royaume qui sera le leur. Sans crainte, tu les laisseras te quitter parfois, pour mieux se l'approprier. Tu comprendras que, malgré l'amour et les épreuves, elles ne te doivent rien. Qu'elles sont libres et qu'un jour viendra où, loin d'elles peut-être, comme on te l'avait prédit, *tu finiras toute seule.*

Mais plus jamais tu n'en auras peur. Car tu auras appris à te suffire à toi-même.

Alors voilà. Je te regarde ce matin, dans la chambre rose de la maternité, avec ton bébé dans les bras. Je pense à tout ce qui t'attend, et que tu ne soupçonnes pas encore. Tu es au début d'une longue histoire. Tu as peur déjà de l'altérer, qu'elle ne soit pas aussi belle que ce que l'on exige. J'aimerais te dire : méfie-toi des histoires trop belles. Des histoires de mères heureuses et de devoir accompli. L'histoire qui t'attend sera parfois noueuse, bosselée, éraflée des grands coups de lame que tu jetteras dedans. Mais ce sera la tienne. Et elle fera de toi celle que je suis aujourd'hui.

À toi que j'étais ce matin-là, voilà tout ce que j'aurais aimé qu'on me dise. Si je pouvais, je m'assiérais près de toi. Je t'offrirais mes mots comme un onguent. Sur ton cœur brouillé, longtemps, je passerais mes paumes. Je te veillerais comme la sœur que tu n'as pas eue. Je t'envelopperais comme toi-même tu enveloppes ta petite fille. Car tu ne le sais pas encore. Mais ce matin, toi aussi, tu viens de naître.

Car, tu ne le sais
pas encore.
Mais ce matin,
toi aussi,
tu viens de naître.

Bibliographie

Ouvrages

Simone de Beauvoir, *Le Deuxième Sexe*, Gallimard, 1949

Simone de Beauvoir, *Mémoires d'une jeune fille rangée*, Gallimard, 1958

Aurélia Blanc, *Tu seras un homme – féministe – mon fils !*, Marabout, 2018

Nathalie Bourrus, *Maman solo : les oubliées de la République*, Pygmalion, 2020

Christine Castelain-Meunier, *Le Ménage : la fée, la sorcière et l'homme nouveau*, Stock, 2013

Anne Dufourmantelle, *La Femme et le Sacrifice : d'Antigone à la femme d'à côté*, Paris, Denoël, 2007

Emma, « Le Pouvoir de l'amour », *La Charge émotionnelle et autres trucs invisibles*, Paris, Massot éditions, 2018

Camille Froidevaux-Metterie, *Le Corps des femmes : la bataille de l'intime*, Philosophie magazine éditeur, 2018

Manon Garcia, *On ne naît pas soumise, on le devient*, Flammarion, 2018

Amandine Hancewicz et Manuela Spinelli, *Éduquer sans préjugés : pour une éducation non sexiste des filles et des garçons. 0-10 ans*, JC Lattès, 2021

Arlie R. Hochschild, *Le Prix des sentiments. Au cœur du travail émotionnel*, Paris, La Découverte, 2017 (traduction de *The Managed Heart*)

Titiou Lecoq, *Libérées ! : le combat féministe se gagne devant le panier de linge sale*, Fayard, 2017

Maria Pourchet, *Feu*, Fayard, 2021

Marina Tsvetaïeva, *Mon frère féminin*, Mercure de France, 1979

Illana Weizman, *Ceci est notre post-partum*, Marabout, 2021

Donald W. Winnicott, *La Mère suffisamment bonne*, Petite Bibliothèque Payot, 2008

Virginia Woolf, *Une chambre à soi*, Hogarth Press, 1929 (traduction de *A Room of One's Own*)

Podcasts & émissions

À armes égales (émission télévisée), diffusée sur la première chaîne de l'ORTF, 17 novembre 1970, où Françoise Giroud était opposée à Jean Foyer, alors ancien garde des Sceaux, sur le thème : « Faut-il décoloniser la femme ? »

(https://www.ina.fr/ina-eclaire-actu/1970-francoise-giroud-sur-la-condition-feminine)

L'invitée de 9h10, « Mona Chollet : des sorcières au pouvoir de l'image », octobre 2022, France Inter

Un podcast à soi, une création de Charlotte Bienaimé, épisode n° 4 « Papa où t'es ? », mise en ligne 2018, Arte Radio

(https://www.arteradio.com/son/61659560/papa_ou_t_es_4)

Tiffany Cooper, *Va vers ton risque* (podcast), 3ᵉ épisode : « Fiona Schmidt : le désir de non-maternité »

Articles

Jean Hegland, interviewée par Pauline Verduzier, *La Déferlante*, 2022, n° 7, p. 52

Nolwenn Le Blevennec, « Post-maternité : après l'oubli de soi, le réveil (parfois violent) », nouvelobs.com, 10 fév. 2017, mis à jour le 13 fév. 2017

(https://www.nouvelobs.com/rue89/sur-le-radar/20170210.
OBS5150/post-maternite-apres-l-oubli-de-soi-le-reveil-
parfois-violent.html)

Alice Maruani, « "Les femmes sont bonnes" : parlons
maintenant de la charge émotionnelle », nouvelobs.com,
8 nov. 2017

(https://www.nouvelobs.com/rue89/nos-vies-intimes/
20171108.OBS7115/les-femmes-sont-bonnes-parlons-
maintenant-de-la-charge-emotionnelle.html)

Études

Jean-Paul Fischer et Xavier Thierry, « Boy's math performance, compared to girls', jumps at age 6 (in the ELFE's
data at least) », *British Journal of Developmental Psychology*,
nov. 2022, vol. 40, n° 4, p. 504-519 (https://doi.org/10.1111/
bjdp.12423)

Insee, « Le travail domestique : 60 milliards d'heures en
2010 », *INSEE Première*, n° 1423, 2012

(https://www.insee.fr/fr/statistiques/2123967)

*Les morts maternelles en France : mieux comprendre pour
mieux prévenir*, 6ᵉ rapport de l'Enquête nationale confidentielle sur les morts maternelles, 2013-2015, Inserm,
Santé publique France, janvier 2021

« Qui se lève la nuit quand bébé pleure ? », enquête
IFOP sur la charge mentale liée au sommeil des jeunes
enfants, septembre 2022, réalisée sur les parents d'enfants
de moins de 3 ans

(https://www.ifop.com/publication/qui-se-leve-la-nuit-
quand-bebe-pleure/)

Marie-Hélène Pennestri *et al.*, « Uninterrupted Infant Sleep, Development and Maternal Mood », *Pediatrics*, 2018, vol. 142, n° 6 (DOI : 10.1542/peds.2017-4330)

David Richter *et al*, « Long-term effects of pregnancy and childbirth on sleep satisfaction and duration of first-time and experienced mothers and fathers », *Sleep*, avril 2019, vol. 42, n° 4 (https://doi.org/10.1093/sleep/zsz015)

Remerciements

« À Jules et Noée, qui m'apportent joie et force au quotidien

À Alexis, qui partage cette belle (et folle) aventure avec moi

À toutes les autrices, qui ont accepté de participer à ce livre, et de mettre leur plus belle plume au service d'un sujet si important

À Bérénice Taveau, notre éditrice, qui a reçu ce projet avec enthousiasme et qui a su me remettre dans le bon chemin

À Clément et Charlotte, relecteurices et personnes chères à mon cœur »

Camille Abbey

Direction : Didier Férat
Édition : Bérénice Taveau
Correction : Judith Levitan-Doucet
Relecture : Sylvie Rabuel
Couverture et conception graphique : Guylaine Moi
Illustrations : Guylaine Moi
Mise en pages : Nord Compo
Fabrication : Laurence Duboscq

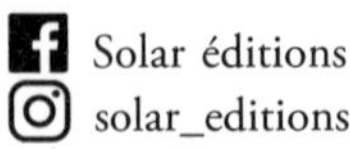

Solar, un département d'Édi8
92 avenue de France
75013 Paris

ISBN : 978-2-263-18245-7
Code éditeur : L18245/03
Dépôt légal : mars 2023
Achevé d'imprimer en novembre 2024 par Normandie Roto en France. (2405678)